AF159904

We have
NOTHING
TO LOSE
and a world
to see.

WWW.GUIDEME.CH GUIDEME_TRAVEL

Das bin ich

4 **SELINA BAAß** » @SELINGGA

LISSABON AUF EINEN BLICK

6 ÜBERSICHTSKARTE LISSABON UND 15 HIGHLIGHTS

VOR DEINER REISE

8 GUT ZU WISSEN & SPRACHFÜHRER

10 REISE-KNIGGE

LISSABON IN 100 TIPPS

12 BAIXA & NORDEN

40 BAIRRO ALTO & CHIADO

72 ALFAMA

90 PARQUE DAS NAÇÕES

104 BELÉM & MONSANTO

Überall im Buch. Von mir für dich!

124 **GROSSER PARTYGUIDE**

128 **EVENTS & FESTIVALS**

134 **METRO-PLAN**

136 **KLEINES REISETAGEBUCH**

INHALT LISSABON

108

50

69

110

BAIXA & NORDEN

BAIRRO ALTO & CHIADO

ALFAMA

PARQUE DAS NAÇÕES

BELÉM & MONSANTO

GUIDE ME LISSABON MEINE STADT IN 100 TIPPS

Hello
Das bin ich

SELINA BAAß

Mein liebster Ort
in Lissabon?

Der Aussichtspunkt Santa
Luzia in der Alfama.

Mein Lissabonner
Lieblingsgericht?

Natürlich die leckeren
Puddingtörtchen Pastéis de Nata

3 Dinge, die du auf deinem Lissabon-Trip unbedingt dabei haben solltest:

- ☐ Sonnenbrille
- ☐ bequeme Schuhe
- ☐ Kamera + Ladekabel

Meine Lieblingsfarben

Willkommen zu meinem ganz persönlichen Reiseführer über die faszinierende Stadt Lissabon! Mein Name ist Selina und ich teile leidenschaftlich gerne meine Abenteuer und Entdeckungen als begeisterte Reisende und Content Creatorin auf meinem Instagram-Account „selingga". Lissabon ist für mich nicht nur eine Stadt, sondern ein Ort voller Magie, Geschichte und unvergleichlicher Schönheit, den ich immer wieder mit Freude besuche. Die Energie dieser Stadt, die verschlungenen Gassen, die mit farbenfrohen Fliesen verzierten Gebäude und die atemberaubende Aussicht von den Hügeln der Stadt – all das hat mich dazu inspiriert, diesen Reiseführer zu erstellen, um auch dich in die Welt Lissabons eintauchen zu lassen.

Als begeisterte Content Creatorin und Social Media Managerin habe ich das Glück, meine beiden Leidenschaften miteinander verbinden zu können. Dieser Reiseführer ist nicht nur voll mit Informationen und Insidertipps, sondern auch eine Sammlung meiner persönlichen Erlebnisse, die ich mit dir teilen möchte. Außerdem erfährst du, wo die besten Fotospots der Stadt sind und wie du dort das perfekte Insta-Pic schießen kannst. In diesem TravelBook wirst du nicht nur die klassischen Sehenswürdigkeiten finden, sondern auch Geheimtipps, die ich im Lauf der Zeit entdeckt habe. Du erfährst, wo du die besten Pastéis de Nata genießen kannst und welche Aussichtspunkte dir den Atem rauben werden. Ich hoffe, dass dieser Reiseführer dir dabei hilft, die Stadt aus neuen Blickwinkeln zu erleben und dich mit der Begeisterung anstecken kann, die ich für Lissabon empfinde.

Bereit, die Straßen zu erkunden? Lass uns losziehen und Lissabon entdecken!

Und jetzt komm mit, ich zeige dir Lissabon!

◉ SELINGGA

GUIDE ME LISSABON MEINE STADT IN 100 TIPPS

LISSABON
Bucket List

Hier findest du den Parque das Nações

Alle Highlights sind im Buch mit einem ⭐ gekennzeichnet

Tram 28

Feira da Ladra

Escadinhas de São Cristóvão

Santa Luzia – Die schönste Aussicht Lissabons

Nicolau Lisboa

Fähre Tejo nehmen

BLOSS NICHT VERPASSEN!
- ○ LISSABONNER STREET-ART
- ○ TRAM 28
- ○ NICOLAU LISBOA
- ○ BAIRRO DO AVILLEZ
- ○ VILLAGE UNDERGROUND LISBOA
- ○ LX FACTORY
- ○ EINE TEJO-FÄHRE NEHMEN
- ○ TIME OUT MARKET
- ○ DEAR BREAKFAST
- ○ DIE SCHÖNSTEN AUSSICHTEN LISSABONS
- ○ FEIRA DA LADRA
- ○ MARINA PARQUE DAS NAÇÕES
- ○ SANTINI
- ○ WINE WITH A VIEW
- ○ MISTER TAPAS

TO BE CONTINUED...
- ○ ....
- ○ ....
- ○ ....
- ○ ....
- ○ ....
- ○ ....
- ○ ....
- ○ ....

VOR DEINER REISE

Gut zu wissen

ZEITVERSCHIEBUNG – MEZ – 1 Std.

TRINKGELD – In Restaurants 5 bis 10 Prozent, in Bars allenfalls etwas Wechselgeld, für andere Dienstleistungen evtl. eine kleine „gorjeta".

TOURISTENSTEUER – Die Bettensteuer beträgt 2 Euro pro Nacht.

WICHTIGE TELEFONNUMMERN
VORWAHL +351
NOTFALL 112

ÖFFNUNGSZEITEN – Mo – Fr 9 – 19, 13 – 15 Uhr oft Pause. Einkaufszentren und große Supermärkte sind von 10 – 22 Uhr geöffnet (auch So). Montags sind viele Museen geschlossen.

ERMÄSSIGUNGEN – Sonntags freier Eintritt zu vielen Museen und Sehenswürdigkeiten. Die Lisboa Card (24/48/72 Stunden für 22/37/46 Euro) gilt für den Nahverkehr, bietet freien Zutritt zu vielen Museen und Sehenswürdigkeiten u.v.m. (www.visitlisboa.com/de/shop/lisbon-card).

UNTERWEGS
MIT DEM AUTO – Die Stadt ist für Autofahrer Stress pur.
MIT DEM TAXI – Das Taxifahren ist relativ günstig. Startpreis 3,25 Euro, nachts 3,90 Euro.
MIT DEN ÖFFIS – Ob Straßenbahn (Eléctricos) oder U-Bahn: Sie bringen dich am schnellsten und günstigsten von A nach B. Das Busnetz ist engmaschig, die Taktfrequenz hoch – außer abends und an den WEs.
TUK-TUKS: Die bunten Wägelchen gibt es hier sogar mit elektrischem Antrieb! Fahrten durch die engen Gassen sind ein Erlebnis.

LINKS
WWW.BLOCAL-TRAVEL.COM – Unter street-art/lisbon-street-art-guide/ findest du die Standorte vieler Graffitis sowie einen Routenvorschlag mit Fotos. Geführte Touren bietet GetYourGuide an.
WWW.MEETUP.COM – gratis Gleichgesinnte treffen – ob Filmfans, Outdoor-Begeisterte, Kunstliebhaber:innen …
APP LISBON GUIDE – günstige App der Spotted-by-Locals-Community (www.spottedbylocals.com), mit der man coole Spots fernab der Tourismus-Hotspots entdecken kann.

Urlaubs-Portugiesisch

ja / nein / vielleicht	Sim / Não / Talvez
bitte / danke	Por favor / Obrigado
Gern geschehen!	De nada
Entschuldigung! (auf sich aufmerksam machen)	Desculpe
Verzeihung! (im Gedränge)	Com licença
Gute(n) Morgen / Abend / Nacht	Bom dia / Boa tarde / Boa noite
Hallo / Tschüss	Olá / Oi
Wie geht's dir?	Tudo bem? / Como vai?
gut / geht so / schlecht	Tudo bem / mais ou menos / Eu não estou bem
Ich heiße… / Wie heißt du?	Meu nome é … / Qual o seu nome?
Ich möchte…	Eu gostaria de…
…ein Bier	… uma cerveja
…ein Glas Wein	… uma taça de vinho / um copo de vinho
…eine Zigarette	… um cigarro
…einen Kurzen	… um shot de…
Was kostet das?	Quanto custa?
Ich bin betrunken.	Eu bebi muito / Estou bêbado
Bekomme ich deine Nummer?	Qual seu número de telefone?
Willst du mit mir tanzen?	Quer dançar comigo?
Wo finde ich …?	Onde fica…?
Ich möchte zahlen, bitte.	A conta por favor.
Das habe ich nicht verstanden.	Eu não entendi
Küss mich!	Quero te beijar!
Ich liebe dich!	Eu te amo! / Eu amo-te!

REISE-KNIGGE

UNBEDINGT VERMEIDEN!

Auf keinen Fall solltest du …

… im Strand-Look ins Restaurant gehen! Die Portugies:innen legen großen Wert auf Aussehen und Kleidung!

… Portugal mit Spanien vergleichen! Trotz der geographischen Nähe sind beide Länder durchaus verschieden – und die Menschen sind da sensibel.

… einfach drauflosessen! Die kleinen Leckereien, die im Restaurant schon auf dem Tisch stehen, wenn du kommst, sind nicht gratis!

… dich austricksen lassen! Tourist:innen wird oft gepresster Lorbeer statt des in kleinen Mengen legalen Cannabis angedreht. Lieber ganz lassen.

… als Frau oben ohne sonnen! Das wird zwar mancherorts geduldet, ist aber eigentlich verboten.

… überpünktlich sein! Zu einer Einladung tauchst du am besten erst mit einer Viertelstunde Verspätung auf.

… dich an der Haltestelle vordrängeln. An den Bus- und Tramhaltestellen läuft es very british: Man steht brav in der Schlange.

… den Portugies:innen etwas über Liebe erzählen! Das ist für sie, als würdest du Eulen nach Athen tragen wollen.

LISSABON
Baixa & Norden

Rechtwinkliger Grundriss, barocker Baustil – die flache Baixa (Unterstadt) entspricht mit ihren breiten, schnurgeraden Straßen, schönen Plätzen und repräsentativen Bauten nicht unbedingt dem Lissabon-Klischee: Keineswegs geht's hier ständig auf und ab! In der Baixa genießen die Lissabonner:innen das Leben, beim Flanieren, beim Shoppen ... Hier, auf der Praça Dom Pedro IV., dem „Rossio", schlägt das Herz der Stadt.

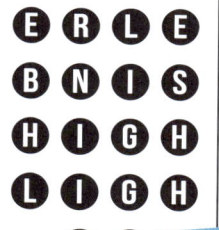

ERLEBNISHIGHLIGHTS BAIXA & NORDEN

- > **DIE STREET-ART BEWUNDERN**
- > **MIT ELEVADOR UND TRAM IN DIE OBERSTADT**
- > **PICKNICK IM PARK**
- > **COCKTAILS IN DER ROOFTOPBAR**
- > ....
- > ....
- > ....

Wo Lissabon flach ist, lässt es sich gut shoppen und flanieren.

ÜBERSICHTSPLAN

Baixa & Norden

SEHENSWERTES

- ✦ LISSABONNER STREET-ART
- ❷ MUSEU DO DESIGN E DA MODA
- ❸ CASA DO ALENTEJO
- ❹ ARCO DA RUA AUGUSTA
- ❺ ELEVADOR DE SANTA JUSTA
- ✦ TRAM 28
- ❼ CONVENTO DO CARMO
- ❽ PRAÇA DO ROSSIO

PARKS

- ❾ PARQUE EDUARDO VII
- ❿ JARDIM GULBENKIAN

ESSEN & TRINKEN

- ⓫ MANIFEST.LISBON
- ✦ NICOLAU LISBOA
- ⓭ ROOFTOPBAR ÉDEN
- ⓮ GUILTY BY OLIVER
- ⓯ COTIDIANO LISBOA
- ⓰ NAVEGADOORS
- ⓱ OVEN
- ⓲ CAFÉ LINHA D'ÁGUA
- ⓳ MY MOTHER'S DAUGHTERS
- ⓴ RESTAURANT RAMIRO
- ㉑ ALCÔA
- ㉒ MUSEU DA CERVEJA
- ✦ BAIRRO DO AVILLEZ

SHOPPING

- ㉔ RUA AUGUSTA
- ㉕ EL CORTE INGLÉS
- ㉖ ARMAZÉNS DO CHIADO
- ㉗ THE SEXIEST WC ON EARTH BY RENOVA
- ㉘ EMBAIXADA - CONCEPT STORE
- ㉙ O MUNDO FANTÁSTICO DA SARDINHA PORTUGUESA
- ㉚ RUA GARRETT

BAIXA & NORDEN

Um das Kunstwerk und dich perfekt in Szene zu setzen, empfiehlt es sich, ein paar Stufen zu erklimmen und von oben zu fotografieren.

TIPP
Die Underdogs Gallery (R. Fernando Palha 56) veranstaltet spannende Minibus-Touren zu den Street-Art- Highlights. So bekommst du die besten Graffiti auf einmal präsentiert.

SEHENSWERTES

1. STREET-ART

Lissabon ist ein Street-Art-Hotspot. Eines meiner Lieblingswerke ist die farbenfrohe Graffiti-Wand „Fado Vadio" – wie der Name vermuten lässt, eine Hommage an den berühmten, von Weltschmerz geprägten Musikstil und ein tolles Fotomotiv. Um den schwermütigen Fado zu hören, reicht es aus, abends unter die Leute zu gehen, normalerweise tönt er dann schon aus allen Ecken. Visualisiert gibt's ihn wohl nirgends authentischer als an den Escadinhas de São Cristóvão – die Graffiti hier gelten als die berühmtesten Lissabons und bieten einzigartige Foto-Kulissen. Wenn du dich für Street-Art interessierst, besorgst du dir am besten das Buch „Street Art Lisbon 2" (mit Karte), oder buchst eine geführte Street-Art-Tour (www.lisbonstreetarttours.com). Wer jedoch mit offenen Augen durch die Straßen schlendert, wird die vielen farbenprächtigen Graffiti auch selbst entdecken können.

Escadinhas de São Cristóvão | Tram: Praca da Figueira

SEHENSWERTES BAIXA & NORDEN

BUCKET LIST
Street-Art

Du hast das schönste Graffiti entdeckt?
Hier ist Platz für ein Foto!

Lissabonner Lieblings-Street-Art

2. MUDE - MUSEU DO DESIGN E DA MODA

Du bist ein Design-Fan? Dann musst du einfach ins MUDE! Dieses Museum für Design und Mode (Wortspiel: mude, „es verändert sich" oder „verändern Sie sich") ist in einem ehemaligen Bankgebäude untergebracht und präsentiert in einem industriellen Betonambiente Mode-, Möbel- und Designikonen anderer Bereiche des 20. und 21. Jh. Dazu zählen z.B. das berühmte rote Kuss-Sofa „Bocca" und das Rollermobil „Isetta" von BMW. Neben solchen Klassikern zeigt das MUDE auch aktuelle Trends und Perspektiven auf. Der Eintritt zu den temporären Ausstellungen ist frei.

Rua Augusta 24 | Metro: Baixa-Chiado, Bus: Praça do Comércio

Kurztrip nach Marokko gefällig? Im orientalischen Innenhof kannst du Fotos machen, die so echt wirken, als hättest du dich mal eben nach Marrakesch gebeamt.

3. CASA DO ALENTEJO

Ein Restaurant als Sehenswürdigkeit? Wenn es eine solch einzigartige Foto-Location ist, bestimmt. Von außen vermutet man hinter der Fassade erst mal nichts Spektakuläres. Doch dann betritt man einen wunderschön gekachelten alten Innenhof, der fotogener nicht sein könnte. Mich persönlich erinnert er immer ein bisschen an die Riads in Marokko mit all den orientalischen Ornamenten und dem schönen Springbrunnen in der Mitte. Über herrschaftliche Treppen gelangt man in die Salons und das Restaurant. Es lohnt sich unbedingt, reinzuschauen und ein paar stimmungsvolle Fotos zu schießen. Wer hier speisen will, sollte sich auf viel Knoblauch und Koriander einstellen.

Rua Portas de Santo Antão 58 | Metro: Restauradores

4. ARCO DA RUA AUGUSTA

Im Stadtteil Baixa, das nach dem Erdbeben von 1755 neu errichtet wurde, gibt es einen tollen und sehr beliebten Fotospot: den Arco da Rua Augusta mit den dazugehörenden Arkaden. Der Triumphbogen erhebt sich über der sehr belebten Rua Augusta und kann für einen schönen Ausblick erklommen werden. Er ist ein perfekter Ort, um ein tolles Insta-Foto zu schießen. Um dich selbst und die Sehenswürdigkeit perfekt einzufangen, empfiehlt es sich, einen etwas niedrigeren Winkel zu wählen. Am besten stellst du dich mit Kamera oder Smartphone also leicht von unten vor den Torbogen. Mit dieser Perspektive lassen sich Bogen und Person perfekt einfangen. Das gleiche gilt für die Arkaden unterhalb des Arco. Hier empfiehlt es sich, ein Ganzkörperfoto zu machen, sich mittig der Bögen zu platzieren und auch hier wieder die Kamera leicht von unten zu halten.

Praça do Comércio | Station: Pç. Comércio

Vom Arco aus erstrecken sich links und rechts tolle Bogengänge, die eine grandiose Foto-Kulisse ergeben. Tipp: Da hier oft sehr viel los ist, lohnt es sich, früh morgens zu kommen.

Stelle dich für das perfekte Foto mit dem Rücken zur Kamera vor das Gebäude und lasse dich von unten nach oben fotografieren.

Oft kommt es hier zu langen Wartezeiten. Der Andrang auf Fahrten von unten nach oben ist deutlich größer als umgekehrt. Also besser oben starten!

5. ELEVADOR DE SANTA JUSTA

Lissabon ist so hügelig, dass Standseilbahnen, Ascensores, und Aufzüge helfen, die Höhenunterschiede zu überwinden. Ein beliebter Fotospot darunter ist der Elevador de Santa Justa. Dieser historische Aufzug verbindet die Stadtteile Baixa und Chiado. Möchtest du den beeindruckenden Turm auf einem Foto einfangen, empfiehlt es sich, sich unten zu positionieren und die Kamera oder das Smartphone leicht von unten nach oben zu richten. Auf diese Weise kannst du die gesamte Höhe des Elevador de Santa Justa erfassen und dich wunderbar ins Bild bringen. Außerdem hat der Turm eine Aussichtsplattform mit tollem Blick auf die ganze Stadt – auch dies ein schöner Fotospot.

Rua do Ouro | Metro: Station Baixa-Chiado (unten), Restauradores (oben)

Für ungestörte Fotos sehr früh morgens kommen oder, wie auf den Fotos hier, auf den Elevador da Bica (35.) umsteigen.

6. TRAM 28

Ein absoluter Insta-Spot und weltberühmt dazu – die Tram 28! Bei jedem meiner Besuche fahre ich mindestens einmal mit ihr und genieße das einzigartige Flair. Elevador und Ascensores bieten jeweils nur ein kurzes Fahrvergnügen, von senkrecht bis sehr steil. Eine Fahrt mit der historischen Tram 28, eine Institution in der Stadt mit ganz viel nostalgischem Charme, hat dagegen den Charakter einer Stadtrundfahrt, die du unbedingt einplanen solltest.

Die Route startet an der Haltestelle Martim Moniz und führt an zahlreichen Sehenswürdigkeiten vorbei: da wären das Castelo de São Jorge, die engen Gassen der Alfama (wo die Streckenführung teils eingleisig ist), die Catedral Sé Patriarcal, die Praça Luís de Camões, der Palácio de São Bento und die Basílica da Estrela. Endhaltestelle ist am Friedhof Prazeres (siehe Nr. 40). Allesamt nebenbei auch wunderschöne Foto-Motive!

Da die Wagen klein, der Andrang dagegen groß ist, empfiehlt es sich, an der Start- oder Endhaltestelle einzusteigen – vielleicht ergatterst du dann sogar einen Sitzplatz.

Praça Martim Moniz 39 | Station: Martim Moniz

> **TIPP**
> Auch andere Tramstrecken haben viel Flair, z. B. Nr. 12 und Nr. 15. Bei sehr großem Andrang auf die 28 lohnt es sich, auf die beiden anderen auszuweichen.

BUCKET LIST
Tram 28

Die schönsten Entdeckungen auf deiner Fahrt.

Am besten fotografierst du das Bogenskelett frontal von unten. Aber auch zwischen den schönen weißen Säulen am Boden ergeben sich tolle Perspektiven.

7. CONVENTO DO CARMO

Mitten in Lissabon liegt die beeindruckende Ruine des Karmeliter-Klosters Convento do Carmo, das 1755 beim Großen Erdbeben zerstört wurde – das einzige Gebäude in der Stadt, an dem man heute noch die dramatischen Auswirkungen dieses Erdbebens ablesen kann. Im hinteren Teil, der noch überdacht ist, informiert das Archäologische Museum Carmo über die portugiesische Geschichte. Dort gibt es Sarkophage, Mosaike, Grabsteine, Schrumpfköpfe, Mumien und einiges mehr zu bestaunen. Unvergesslich, fast schon mystisch, ist die Atmosphäre in der dachlosen Klosterkirche mit ihrem imposanten Bogenskelett! Sie ist damit nicht nur geschichtsträchtig, sondern auch ein beliebter Fotospot. Betritt man das Gebäude, erlebt man eine Stille, die man mitten im Stadttrubel (und ohne Dach) nicht erwartet hätte. Auf der Rückseite der Ruine gibt es viele Bänke und eine kleine Bar für eine Pause.

Largo do Carmo | Metro: Baixa-Chiado, Bus: Station Rossio

Das beliebte Nationalgetränk Kirschlikör gibt's um die Ecke bei „A Ginjinha do Rossio".

8. PRAÇA DO ROSSIO

Hier schlägt das Herz der Tejo-City, rundherum pulsiert in altehrwürdigen und modernen Cafés, Bars und Geschäften das Leben. In der Mitte des beliebten Platzes schaut die Statue von König Pedro V., dem offiziellen Namensgeber des Platzes, auf das prächtige historische Ambiente und das bunte Treiben hinab. Am beeindruckendsten ist aber wohl das aufwendige schwarz-weiße Wellenmuster aus abertausenden Mosaiksteinen. Es soll an Portugals Goldenes Seefahrerzeitalter erinnern und ist ebenfalls ein tolles Foto-Motiv. Nicht weit vom Rossio kannst du im berühmten Stehausschank „A Ginjinha do Rossio" den bei den Einheimischen beliebten Kirschlikör probieren. Dieser ist ein absolutes Nationalgetränk und wird von den Portugies:innen gern auch schon nachmittags getrunken.

Praça Dom Pedro IV | Station: Rossio

Besonders bei Sonnenuntergang kann man im Parque Eduardo VII wunderschöne Fotos machen. Dann leuchtet der Himmel und das Wasser des Tejo glitzert.

FOTO TIPP

PARKS

9. PARQUE EDUARDO VII

Ein weiterer und etwas anderer Fotospot Lissabons ist der Anfang des 20. Jh. für den englischen König Edward VII. anlässlich seines Besuchs angelegte Parque Eduardo VII. Lang zieht sich der Park hinter dem Marquês-de-Pombal-Platz den Hang hinauf. Er ist bekannt für seine gepflegten Rasenflächen, symmetrisch angeordneten Hecken und blühenden Blumenbeete. Die Kombination aus grünen Landschaften und dem glitzernden Wasser des Flusses Tejo im Hintergrund schafft eine harmonische und bezaubernde Szenerie.

Setze dich auf die Mauer und positioniere deine Kamera oder dein Smartphone so, dass der Park und das Wasser im Hintergrund zu sehen sind. Der Blick von oben auf den Park bietet eine großartige Perspektive.

Parque Eduardo VII | Metro: Parque, Marques de Pombal

10. JARDIM GULBENKIAN

Der Namensgeber dieses wunderschönen Parks, Calouste Gulbenkian, war zu seiner Zeit der reichste Mensch der Welt. Nach seinem Tod 1955 in Lissabon floss der größte Teil seines Vermögens in die nach ihm benannte Stiftung; um deren Gebäude herum wurden in den 1960er-Jahren diese wunderschönen, nach den seinerzeitigen Prinzipien moderner Landschaftsarchitektur gestalteten Grünanlagen angelegt. Hier kannst du im Baumschatten die Natur genießen, auf Grünflächen in der Sonne chillen, an den kleinen Teichen entspannen, picknicken, lesen und und und… Im Zentrum der Anlage befindet sich das Museum für moderne Kunst, in dessen Café (mit Terrasse) für das leibliche Wohl gesorgt wird. Einem Picknick steht allenfalls das Wetter im Wege.

Av. de Berna 45 | Metro: Praça de Espanha, São Sebastião; Bus: Bº Azul – Gulbenkian, Praça de Espanha-av. de Berna

Parque Eduardo VII

Tipp
Genug ausgeruht? Zwischen den beiden Parks liegt das Einkaufszentrum El Corte Ingles, das fußläufig zu erreichen ist.

ESSEN & TRINKEN

11. MANIFEST.LISBON

Diesen echt künstlerisch eingerichteten Spot kann ich euch nur empfehlen. Ob Frühstück oder Brunch – alles schmeckt einfach super lecker und ist dabei auch noch sehr fotogen angerichtet! Foodie-Bilder vorprogrammiert. Wenn ihr Schokolade auch so mögt wie ich, dann probiert unbedingt die Schoko-Pancakes mit Früchten aus. Hier gibt es außerdem tolle vegane Gerichte. Das Manifest hat aber auch abends geöffnet, ab 18 Uhr gibt's hier leckere Menüs und gegen später coole Musik.

Rua da Sociedade Farmacêutica 31 | Bus: R. Sta. Marta | www.facebook.com/manifest.lisbon | @manifest.lisbon

12. NICOLAU LISBOA

Das Nicolau ist einer meiner Lieblings-Breakfast-Spots in Lissabon. Ich liebe das coole, lässige und hippe Ambiente des Cafés und komme jedes Mal hierher, wenn ich Lissabon besuche. Meine Bestellung ist fast immer der Avocado-Toast mit Käse oder auch einmal eine leckere und erfrischende Açai-Bowl und dazu ein frisch gepresster Orangensaft.

Rua de São Nicolau 17 | Tram: R. da Conceição | www.ilovenicolau.com | @nicolaulisboa

Nicolau Lisboa

yummi!

ESSEN & TRINKEN BAIXA & NORDEN

BAIXA & NORDEN

BUCKET LIST
Nicolau Lisboa

*Augenschmaus im Nicolau Lisboa?
Hier ist Platz für ein Foto.*

*Ich und mein Frühstück
im Nicolau Lisboa*

13. ROOFTOPBAR ÉDEN

Diese Location habe ich schon vor einigen Jahren durch Zufall entdeckt: Beim abendlichen Schlendern durch Lissabon bin ich mit meinen Freund:innen am Eden Hotel (ein ehemaliges Jugendstil-Kino!) vorbeigekommen, und wir waren neugierig, was sich auf dem Dach befindet. Ohne zu wissen, ob es dort überhaupt etwas gibt oder ob man auf das Dach kommt, sind wir einfach hineingegangen und mit dem Aufzug nach oben gefahren. Dort entdeckten wir diese wunderschöne Dachterrasse mit tollem Blick über die Altstadt. Die Lage ist top, direkt in der Innenstadt. Eine sehr schöne Location, um abends einen Cocktail zu schlürfen, natürlich gibt es auch Bier und Wein und spätes Sushi. Der Pool auf der Dachterrasse ist zwar den Hotelgästen vorbehalten, aber auf Fotos macht er sich trotzdem toll!

Praça dos Restauradores 24 | U-Bahn: Restauradores | www.viphotels.com

14. GUILTY BY OLIVER

Als ich dieses Restaurant mit meiner Freundin zum ersten Mal besuchte, war dort richtig viel los, und es herrschte eine mega lustige und entspannte Stimmung, jeder war einfach gut drauf. Das Essen und die Drinks waren auch super lecker. Im Guilty by Oliver gibt's Lunch und Dinner. Im Lauf der Zeit haben wir verschiedene Gerichte probiert, unter anderem Nachos mit Avocado-Dip und Pasta-Gerichte. Später am Abend wird die Location zur Bar, als wir da waren, hat sogar ein DJ aufgelegt und die Leute haben getanzt. Ein cooler Ort für junge, entspannte, trendige Leute. Mehrere Filialen.

R. Barata Salgueiro 28A | U-Bahn: Avenida | www.restaurantesguilty.com | @guilty_byolivier

Beste Aussichten von der Rooftopbar des Éden Aparthotels.

Lässt schon beim Anblick das Wasser im Mund zusammenlaufen, fotografiert sich gut und schmeckt auch noch fantastisch – das Frühstück im Cotidiano.

15. COTIDIANO LISBOA

Ein weiterer sehr guter Breakfast-Spot mit einem tollen Ambiente und super freundlichem Personal in der Innenstadt Lissabons ist das Cotidiano. Meine Lieblingsbestellung sind die mega-leckeren Pancakes mit Beeren und Banane. Auf jeden Fall einen Besuch wert.

R. do Crucifixo 2 | U-Bahn: Baixa-Chiado | @cotidianolisboa

16. NAVEGA

Eine wirklich coole Location mit einem total witzigen und farbenfrohen Interior – hierher solltest du auf jeden Fall einen Abstecher machen. Das Restaurant des Lisbon Art Stay Hotel serviert leckere portugiesische Gerichte mit amerikanischen Bestsellern, beispielsweise den Navega-Burger. Auf der Karte stehen zudem Salate, Risotto sowie Fisch- und Fleischgerichte, und auch der Service ist wirklich spitze. Abends gibt's hier geniale Livemusik – dazu super leckere Cocktails und Sangria, welche ich euch wirklich ans Herz legen kann.

R. Augusta 205-207 | U-Bahn: Baixa-Chiado | www.lisbonartstay.com/navega | @lisbonartstay

17. OVEN

Du möchtest mal richtig gut indisch-nepalesisch essen? Der Küchenchef des Oven, Hari Chapagain, ist Nepalese und beherrscht sowohl das traditionelle Kochhandwerk seiner Heimat als auch die europäische Küche – vor seinem Engagement im Oven hat er in Lissabon in einem Spitzenrestaurant gearbeitet. Im Oven kocht er wie in seiner Heimat üblich: Die Speisen werden im traditionellen Tandur zubereitet, die Hitze (zwischen 300 und 400 Grad) strahlt dabei von oben auf das Kochgut herab, das auf diese Weise besonders schonend gegart wird. Die Einrichtung ist europäisch-modern, aber natürlich mit asiatischen Akzenten. Und die Präsentation der Gerichte – einfach fantastisch. Also nichts wie hin!

R. dos Fanqueiros 232 | Metro: Rossio, Straßenbahn: Pç. Figueira | www.ovenlisboa.com

18. CAFÉ LINHA D'ÁGUA

Zentral und doch versteckt liegt diese entspannte, in Weißtönen gehaltene Cafetaria oberhalb des Stadtparks Eduardo VII. an einem kleinen künstlichen See. Hier trifft man wenige Tourist:innen, dafür aber umso mehr Student:innen. Es gibt (Selfservice) Kaffee, Süßes und Lunch – auf der schönen großen, überdachten Terrasse lässt es sich wunderbar entspannen und die Sonne genießen.

Jardim Amália Rodrigues, Rua Marquês da Fronteira | Metro: São Sebastião; Bus: Bº Azul, São Sebastião | www.linhadeágua.pt | @linhadagua

19. MY MOTHER'S DAUGHTERS

Ein paar steile Stufen, dann ist man drin in diesem Restaurant mit spacigen Leuchten und pflanzenbasiertem Bio-Food. Ob Smoothies, Panini, Pizzen, Suppen, Bowls oder Desserts – hier ist alles vegan, bio und lecker. Und wieso der Name? Als in der Familie der heutigen Betreiber eine von drei Töchtern auf pflanzliche Kost umstieg, erschloss sich die Mutter den Kosmos dieser Speisen. Bald begeisterten sich auch die beiden anderen Töchter dafür – und die Idee für dieses kleine sympathische Restaurant war geboren.

Largo de São Sebastião da Pedreira 49 | Metro: São Sebastião; Straßenbahn: Igreja de São Sebastião | @mymothers.daughters

My Mother's Daughter

Das von Kacheln eingefasste Schaufenster ist der Mega-Fotospot!

TIPP FOTO TIPP FOTO TIPP FOTO

20. RAMIRO

Hierher zieht es Abend für Abend zahlreiche Locals, denn viele halten die Meeresfrüchte im Ramiro für die besten der Stadt! Kein Wunder also, dass man kaum hineinkommt, oft ist Schlangestehen angesagt. Das Interieur ist nicht gerade stylish, Flair hat das Lokal trotzdem. Das Wichtigste sind hier die Speisen: Hummer, Muscheln, Krebse – frisch aus dem Meer. Ein weiteres Highlight ist das „Prego", das obligatorische Steak-Sandwich. Bier gibt's auch – die Bar stammt aus den 1950ern, ebenso wie der „Vorname" des Lokals, Cervejaria.

Avenida Almirante Reis 1 | Metro: Intendente; Tram: R. Palma; Bus: R. Palma | www.cervejariaramiro.pt | @cervejariaramirooficial

21. ALCÔA

Ein toller, typisch portugiesischer Fotospot ist das Schaufenster des Alcoa Stores. Mein Tipp für ein cooles Insta-Foto: Laufe einmal am Schaufenster vorbei und bitte deine:n Fotograf:in darum, mehrmals auf den Auslöser zu drücken – so entstehen coole Zufallsbilder beim Schlendern. Als Belohnung kann man sich natürlich direkt leckere und frisch zubereitete Pastéis de Nata mitnehmen.

R. Garrett 37 | Station: Baixa-Chiado | www.pastelaria-alcoa.com | @alcoa_pastelaria

Leckere Gerichte vom Sternekoch im Bairro do Avillez

22. MUSEU DA CERVEJA

Seit 2012 bietet das Biermuseum am belebten Comércio-Platz eine geniale Kombination aus Kultur und Gastronomie. Wenn also in der Innenstadt dein Magen knurrt oder du eine erfrischenden Pause brauchst, bist du hier richtig. Im Erdgeschoss duftet es verführerisch nach Steaks und traditioneller portugiesischer Küche, eine Etage höher entfaltet sich die faszinierende Geschichte des Bieres vor deinen Augen – du erfährst einfach alles über Herstellung und Konsum des Gerstensafts. Das eigentliche Highlight ist aber die Terrasse draußen: Sie bietet einen atemberaubenden Blick auf den lebendigen Platz. Lehne dich zurück, genieße die Sonne und das pulsierende Leben der Stadt!

Terreiro do Paço – Ala Nascente 62–65 | Station: Pç. Comércio | www.museudacerveja.pt | @museudacerveja

23. BAIRRO DO AVILLEZ

Gleich vier Restaurants mit unterschiedlichen Konzepten vereint Starkoch José Avillez unter einem Dach und tituliert es ganz bescheiden als sein Stadtviertel „Bairro do Avillez". Das geschmackvolle Gastroareal ist in einer alten, gut 1000 m² großen Halle mit mächtigen Säulengängen untergebracht und bietet sowohl dem Gaumen als auch den Augen ein wahres Erlebnis! Zunächst wäre da die Mercearia, ein edles Feinkostgeschäft, in der Taberna gibt's herzhafte Küche, das Páteo, der große Gourmet-Tempel im Innenhof, serviert u.a. Meeresfrüchte und Fisch und das Beco kombiniert Gourmet-Küche mit Cabaret-Shows. Wer es sich mal richtig gut gehen lassen will, ist hier richtig.

R. Nova da Trindade 18 | Station: Largo Trindade Coelho | www.bairrodoavillez.pt | @bairrodoavillez

BUCKET LIST
Bairro do Avillez

Entwirf dein eigenes Gourmet-Paradies wie Starkoch José Avillez und gib ihm einen Namen.

SHOPPING

24. RUA AUGUSTA

Die Rua Augusta ist die bekannteste Flanier- und Shoppingmeile in der Baixa. Auf dieser rund 500 m langen, autofreien Prachtstraße liegen Filialen bekannter internationaler Marken wie Zara, Mango, Bershka, H&M usw. Da sich hier meine Lieblingsgeschäfte befinden, ist für mich diese Straße der beste Ort zum Shoppen in Lissabon. Kleiner Spar-Tipp: Hier sind die Preise bis zu 20 Prozent niedriger als bei uns in Deutschland, es lohnt sich also zuzuschlagen. Natürlich gibt es auf der Rua Augusta auch Souvenirshops, kleine Cafés und Restaurants. Bei aller Häuserpracht solltest du aber den Blick auch einmal zum Boden senken: Dort kannst du die portugiesische Kunst der Straßenpflasterung bewundern, die Calçada Portuguesa mit Mustern aus weißem Kalkstein und schwarzem Basalt.

R. Augusta | U-Bahn: Baixa-Chiado

25. EL CORTE INGLES

In diesem Einkaufszentrum herrscht schon ein mittleres bis höheres Preisniveau. Du findest hier innenstadtnah viele tolle Geschäfte, natürlich Kleidung der bekannten Marken, sensationelle Schuhe, Sneakers und Stiefel, schicke Taschen und Accessoires. Da bleiben keine Wünsche offen! Für Technikfreaks gibt's selbstverständlich die ganze elektronische Palette. Perfekt für regnerische Tage!

Av. António Augusto de Aguiar 31 | U-Bahn: São Sebastião | www.elcorteingles.com | @elcorteingles

LOW $ BUDGET

Shoppen lohnt sich! Denn die Preise sind hier bis zu 20 Prozent niedriger als in Deutschland.

Flaniermeile Rua Augusta

Embaixada Concept Store

26. ARMAZENS DO CHIADO

Wer es beim Shoppen etwas übersichtlicher mag, ist im Amazens do Chiado an der richtigen Stelle. Das etwas kleinere, aber sehr bekannte Einkaufszentrum mit der hübschen Fassade liegt mitten in der Altstadt und hat „nur" um die 50 Läden. Der elegante Food Court lädt zu einer Sightseeing- und Shoppingpause ein.

R. do Carmo 2 | U-Bahn: Baixa-Chiado | www.arma zensdochiado.com | @armazensdochiado

27. THE SEXIEST WC ON EARTH BY RENOVA

Einen Toilettenbesuch der besonderen Art verspricht dieses Örtchen. Hier hat sich Renova, der portugiesische Hersteller für Toilettenpapier, schwer ins Zeug gelegt und mit allerhand Designelementen doch sehr ansprechende Räumlichkeiten geschaffen. Der Hingucker sind die vielen bunten Klopapierrollen an der Wand, von denen du dir eine aussuchen darfst. Hast du schon einmal schwarzes Toilettenpapier benutzt? Die Toilettenkabine besticht durch die Holzdeko und die Musik vermittelt auch nicht gerade normale Toilettenatmosphäre. Für 1 Euro bist du dabei!

Praça do Comércio 84 | U-Bahn: Terreiro do Paço

28. EMBAIXADA CONCEPT STORE

Ein wunderschöner und besonderer Fotospot ist der Embaixada Concept Store. Das Treppenhaus des in einem neo-maurischen Palast aus dem 19. Jh.

Aufgang im Embaixada

gelegenen Stores ist ein super Fotomotiv für ein Insta-Bild. Bitte den/die Fotograf:in, von oberhalb des Treppenhauses aus nach unten ein Foto zu machen und laufe mittig die Treppe hoch oder hinunter. Hierbei entstehen tolle Fotos in einer einzigartigen Kulisse.

Praça do Príncipe Real 26 | Tram: Príncipe Real | www.embaixadalx.pt | @embaixadalx

29. O MUNDO FANTÁSTICO DA SARDINHA PORTUGUESA

Auf den ersten Blick sieht dieser Laden mit seiner bunten Einrichtung inklusive Karussell und Mini-Riesenrad aus wie ein Spielzeuggeschäft von Willy Wonka, doch nein: Hier gibt es Sardinen! Diese eingelegten Fischchen werden in kallbunten, hübsch designten Dosen verkauft, auf die groß eine Jahreszahl aufgedruckt ist. Hinten drauf erfährt mann dann, welcher Promi in diesem Jahr geboren wurde. Andere Dosen sind als Goldbarren getarnt oder haben coole Retro-Designs. Die Dosen kosten 5 bis 9 Euro und sind damit eher ein ausgefallenes Mitbringsel für Sardinenfans als eine günstige Mahlzeit vor Ort.

Praça Dom Pedro IV 39 | Metro: Almada | www.mundofantasticodasardinha.pt | @sardinhaportuguesa

30. SHOPPINGMEILEN: RUA GARRETT & RUA DO CARMO

An diesen beiden eleganten Geschäftsstraßen liegen die Boutiquen der bedeutendsten portugiesischen Modedesigner:innen. Dazu finden sich hier berühmte und alteingesessene Buchhandlungen sowie Cafés und Konditoreien. An der Adresse 120 Rua Garrett findest du das beliebte Café A Brasileira, wo der Schriftsteller Fernando Pessoa, einer der bedeutendsten Autoren des 20. Jh., regelmäßig einkehrte. Heute sitzt er als Bronzestatue auf der Terrasse – wenn Platz ist, setz dich einfach zu ihm!

An der Rua do Carmo findest du aber auch internationale Ketten wie H&M, Nespresso, Levis und Footlocker. Wenn du ganz ins portugiesische Lebensgefühl eintauchen willst, erwirbst du portugiesische Strickwaren oder eine CD mit der melancholischen Fado-Musik, ein schönes Souvenir für Zuhause.

R. Garrett/ R. do Carmo | U-Bahn: Baixa-Chiado | www.mundofantasticodasardinha.pt | @sardinhaportuguesa

Rua Garrett

LISSABON
Bairro Alto & Chiado

Die Altstadtviertel Bairro Alto und Chiado könnten unterschiedlicher kaum sein. Während das einstige Handwerkerviertel Bairro Alto mit seinen winzigen Gassen bei den Anhänger:innen der kreativen Szene sehr beliebt ist, ist Chiado ein eher vornehmes Pflaster mit beeindruckenden historischen Bauwerken, Theatern und vielen schönen Geschäften.

> **PARTY IM CONTAINER-VILLAGE**
> **MIT DER FÄHRE ÜBER DEN TEJO**
> **IN DER APOTHEKE SPEISEN**
> **FLOHMARKT BEI DER LX FACTORY**
> ....
> ....
> ....

Modern und chic vs. trendy und cool: Kontrastprogramm der Altstadtviertel

ÜBERSICHTSPLAN
Bairro Alto & Chiado

SEHENSWERTES

- ⭐ **VILLAGE UNDERGROUND**
- ⭐ **LX FACTORY**
- ③③ LIVRARIA LER DEVAGAR
- ③④ MIRADOURO DE SANTA CATARINA
- ③⑤ ELEVADOR DA BICA
- ⭐ **EINE TEJO-FÄHRE NEHMEN**
- ③⑦ NACHTLEBEN & GASSEN DES BAIRRO ALTO
- ③⑧ PINK STREET
- ⭐ **TIME OUT MARKET**
- ④⓪ CEMENTÉRIO DOS PRAZERES

PARKS

- ④① JARDIM DO PRÍNCIPE REAL
- ④② TAPADA DAS NECESSIDADES

ESSEN & TRINKEN

- ④③ THE INSÓLITO
- ④④ RESTAURANT NOOBAI
- ⭐ **DEAR BREAKFAST**
- ④⑥ AO 26
- ④⑦ BY THE WINE
- ④⑧ MERCADO DE CAMPO DE OURIQUE
- ④⑨ A CEVICHERIA
- ⑤⓪ VALDO GATTI
- ⑤① RESTAURANTE SINAL VERMELHO
- ⑤② PHARMACIA
- ⑤③ SUBA
- ⑤④ PAVILHÃO CHINÊS

SHOPPING

- ⑤⑤ PRÍNCIPE REAL
- ⑤⑥ AMOREIRAS SHOPPING CENTER
- ⑤⑦ LX MARKET

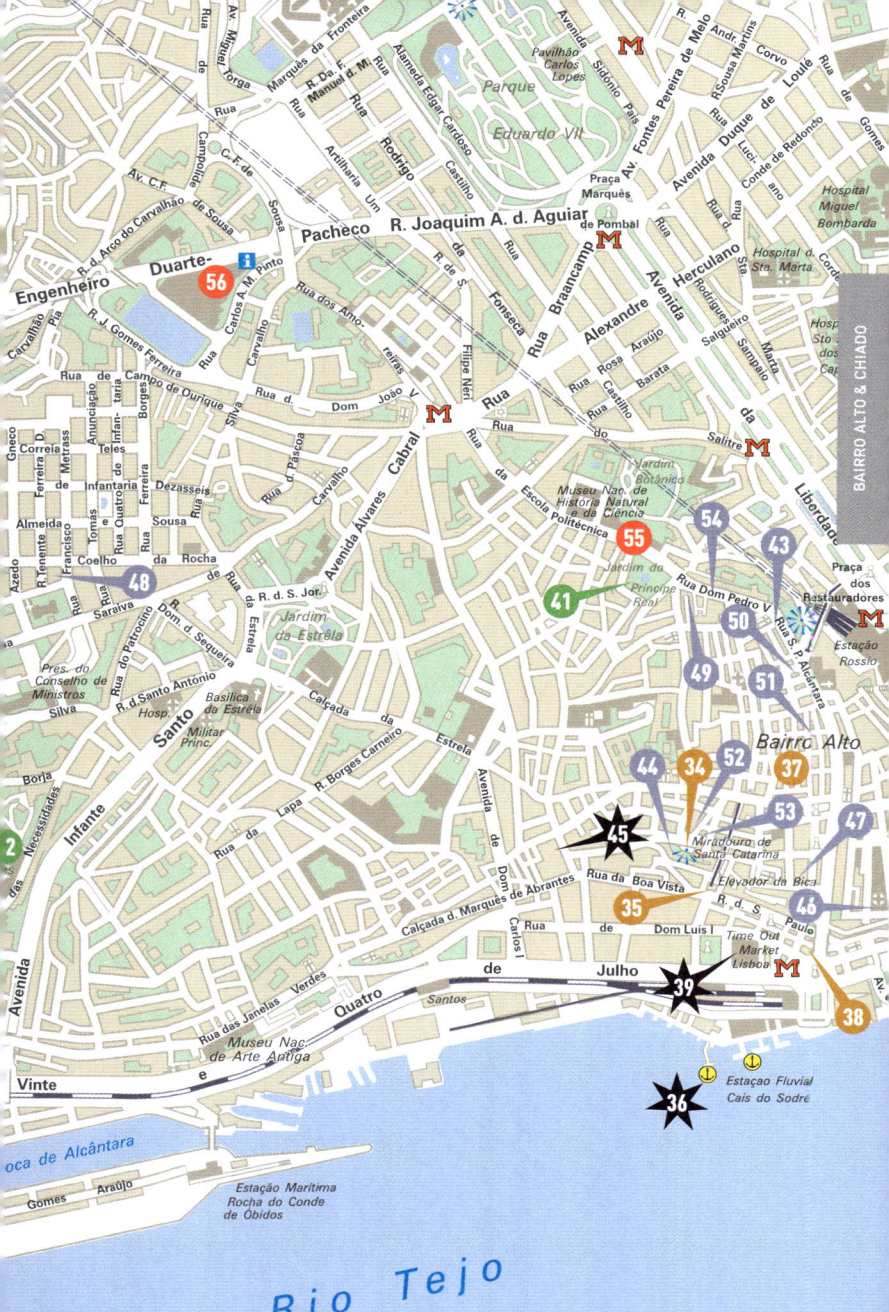

Kurios, kreativ und ungewöhnlich ist dieser Ort – und deshalb perfekt für spannende Fotos.

SEHENSWERTES

31. VILLAGE UNDERGROUND

Ganz in der Nähe der Kreativ-Oase LX Factory findest du diese coole Location – ein waghalsiges Gebilde aus aufeinandergestapelten ausrangierten, bunt bemalten Schiffscontainern und alten Doppeldeckerbussen, die zum einen als Coworking-Stätte und zum anderen als Veranstaltungsort für Partys, Events und (Kunst-) Ausstellungen genutzt werden. Besonders die Straßenkultur steht hier im Zentrum. Die „Bewohner:innen" des Village Underground kommen aus den unterschiedlichsten Bereichen – Theater- und Filmschaffende sind darunter, Schriftsteller:innen, Designer:innen und Architekt:innen, aber auch Anwält:innen, Leute aus der Werbebranche usw. Schau doch mal auf einen Sprung im Café vorbei, das sich im Doppeldeckerbus befindet, oder um eine der coolen Partys zu besuchen, die hier regelmäßig stattfinden.

Avenida da Índia 23 | Tram: Largo da Princesa, Bus: Largo da Princesa | www.vulisboa.com | @villageundergroundlisboa

BUCKET LIST
Village Underground Lisboa

Inszeniere dich im Village Underground.
Hier ist Platz für ein Foto.

Ich im Village Underground

Wer hungrig ist, geht in die gut besuchte und hervorragende Cantina LX. Hier gibt's gutes portugiesisches Essen zu kleinen Preisen in einem tollen Ambiente.

32. LX FACTORY

Dieses ehemalige Fabrikgelände kann ich absolut empfehlen – eine pulsierende, kreative Oase mitten in der Stadt. Hier gibt es unzählige Cafés, Geschäfte, Galerien und sonntags auch einen großen Flohmarkt. Viele Künstler:innen haben an diesem Ort eine Inspirationsquelle gefunden und den maroden Fabrikgebäuden mit Fassadenmalereien, Graffiti und cooler Street Art einen einzigartigen Charme verliehen. Auch viele Straßenmusiker:innen nutzen die LX Factory mit ihrem bunt gemischten Publikum gern für ein bisschen Publicity. Die Stimmung auf dem Gelände ist wirklich super, und es macht Spaß, sich einfach nur treiben zu lassen und die tolle Atmosphäre zu genießen. Das solltest du dir auf keinen Fall entgehen lassen!

Auf der Dachterrasse des Rio Maravilha gibt's übrigens gute Cocktails und gratis dazu einen grandiosen Blick auf die Stadt und die spektakuläre Hängebrücke Ponte 25 de Abril.

R. Rodrigues de Faria 103 | Tram: Calvário

SEHENSWERTES BAIRRO ALTO & CHIADO

BUCKET LIST
LX Factory

Hol dir hier Inspiration und sei kreativ! Ob du einen Song schreibst, etwas erfindest oder ein kleines Kunstwerk zauberst ist völlig egal.

33. LIVRARIA LER DEVAGAR

Die Buchhandlung auf dem Gelände der LX Factory ist in den Räumlichkeiten einer ehemaligen Druckerei untergebracht und ein beeindruckender Fotospot der besonderen Art. Die einzigartige Architektur, die hohen Bücherregale, die bis zur Decke reichen, und die Vintage-Atmosphäre dieses Ortes bieten die perfekte Kulisse für deinen Insta-Post. Stelle dich zwischen die Regale und lass dich von der Menge an Büchern und dem sanften Lichtspiel inspirieren. Die kunstvoll angeordneten Bücher, die Holztreppen und die gemütlichen Leseecken bieten unzählige Möglichkeiten für ästhetische Aufnahmen. Die Auswahl an englischsprachiger Literatur ist klein, aber fein und das hauseigene Café lädt zu einer Pause ein.

R. Rodrigues de Faria 103 | Tram: Calvário | www.lerdevagar.com | @lerdevagar

FOTO TIPP

Für das perfekte Foto positionierst du dich im Obergeschoss vor der großen Bücherwand und lässt dich von der gegenüberliegenden Seite fotografieren.

Szenetreff Santa Catarina

34. MIRADOURO DE SANTA CATARINA

Schon im 16. Jh. kamen die Menschen zum Miradouro de Santa Catarina, um die großen Schiffe zu bestaunen, die von hier zu jenen Entdeckungsreisen aufbrachen, die das kleine Portugal zu einer großen Kolonialmacht aufsteigen ließen. Bis heute ist dieser Ort ein beliebter Aussichtspunkt geblieben, der nicht nur einen wunderbaren Blick auf die Schiffe und den Tejo bietet, sondern auch auf die Ponte 25 Abril und die Cristo-Rei-Statue. Abends ist es hier besonders schön, wenn die Menschen zusammenkommen, um bei stimmungsvoller Livemusik die Blaue Stunde zu genießen.

R. de Santa Catarina S/N | Tram: Sta. Catarina

MIRADOURO SÃO PEDRO DE ALCÂNTARA

Voller und etwas touristischer geht es am weitaus größeren Miradouro de São Pedro de Alcântara zu, der als wunderschöner Garten mit diversen Brunnen und Statuen angelegt ist und einen Blick über die ganze Stadt bis zur Tejo-Mündung bietet. Auch hier ist die Atmosphäre in den Abendstunden besonders stimmungsvoll.

Largo Oliveirinha 1 | Station: São Pedro de Alcântara

FOTO TIPP Für das ikonische Motiv stell dich in die Tür der Tram (meine Lieblingspose). Sowohl Porträts als auch von etwas weiter weg aufgenommene Fotos sehen total cool aus. Lass dich alternativ vor der Tram von etwas weiter weg und oben aufnehmen.

35. ELEVADOR DA BICA

Portugals Hauptstadt ist für ihre drei Standseilbahnen bekannt. Eine davon ist der Elevador da Bica (auch Ascensor genannt) im Stadtteil Bairro Alto. Seit Ende des 19. Jh. zuckelt er die Rua da Bica de Duarte Belo hinauf und hinunter. Dies ist auch einer meiner Lieblings-Fotospots – er ist einfach typisch Lissabon und total einzigartig. Es gibt zwei verschiedene Trams: eine gelb-weiße und eine mit Graffitis besprühte. Es heißt allerdings schnell sein beim Fotografieren: Während die Tram steht, hast du nur wenige Minuten Zeit. Solltest du den richtigen Moment verpasst haben, musst du nur warten, bis sie wieder oben ist. Allerdings solltest du deine Foto-Session nicht unter der Woche angehen, sondern eher am Morgen einplanen, wenn noch nicht so viele Leute unterwegs sind.

Rua de S. Paulo 234 | Station: Rua de São Paulo / Bica

> ## Tipp
> E ne Tejo-Fahrt lässt sich prima mit einem Besuch der gigantischen Cristo-Rei-Statue (siehe Nr. 87) neben der Ponte de 25 Abril verbinden.

36. EINE TEJO-FÄHRE NEHMEN

Etwas Magisches geht von dem größten Strom der Iberischen Halbinsel aus. Ohne den Tejo wäre Lissabon undenkbar. Der Fluss ist ein wichtiger Dreh- und Angelpunkt der Stadt, er ist ihre Seele, eine pulsierende Lebensader, die es zu entdecken lohnt. Am besten geht das auf einer Bootstour – zur Wahl stehen die klassischen Ausflugsboote, die Rundfahrten auf dem Tejo anbieten, und – die preisgünstigere und authentische Variante – die Fährschiffe. Sie verbinden Lissabon mit dem gegenüberliegenden Ufer, werden in erster Linie von Einheimischen und Pendlern genutzt und vermitteln einen echten Einblick in das portugiesische Leben. Außerdem hat man vom Wasser aus einen ganz eigenen Blick auf die Stadt. Der beste Zeitpunkt für eine Fahrt auf dem Tejo ist wohl der Abend, wenn die Kulisse in das wunderbare rot-goldene Abendlicht getaucht ist.

Cais Gás 8 | U-Bahn: Cais do Sodré

BUCKET LIST
Tejo-Fähre

Bei einer Fährenfahrt siehst du Lissabon aus einer einzigartigen Perspektive. Hier ist Platz für ein Foto.

Ich auf der Tejo-Fähre

So ruhig geht es abends nicht zu, wenn die Einheimischen mit ihren Drinks auf der Straße stehen und feiern. Deshalb gehe ich hier oft mit Freund:innen aus.

37. NACHTLEBEN & GASSEN DES BAIRRO ALTO

Bairro Alto, das ist Lissabon-Feeling pur – ich liebe dieses Szeneviertel! Es ist einfach unbeschreiblich zauberhaft, ein faszinierendes Gewirr aus malerischen kleinen Gassen mit unzähligen Bars, Restaurants, Clubs und individuellen Geschäften. Hier kannst du dich stundenlang treiben lassen, das pulsierende Leben genießen, überall etwas Neues entdecken und die entspannte, fröhliche Stimmung genießen. Langweilig wird es in Lissabons Oberstadt garantiert nicht! Besonders cool finde ich, dass man in diesem Viertel nicht nur Tourist:innen, sondern auch viele Einheimische trifft, die hier abends gern ausgehen. Sicher auch, weil in den Tascas, den traditionellen Kneipen, echte Fado-Musik gespielt wird.

Um die besten Hotspots kennenzulernen, kannst du dich auch einem „Pub Crawl", einer geführten Kneipentour der Wild Walkers anschließen (www.wildwalkers.eu). Das ist eine coole Möglichkeit, um die Stadt bei Nacht zu entdecken und verschiedene Bars und Clubs kennenzulernen. Und wenn du nicht mehr laufen magst, nimmst du einfach den Elevador da Bica – eine der typischen Standseilbahnen (siehe Nr. 35).

R. da Barroca 6 | Tram: Calhariz (Bica) (Linie 28E)

38. PINK STREET

Die Rua Nova do Carvalho, auch als Pink Street bekannt, verläuft durch das beliebte Viertel Cais do Sodré. Der pinke Straßenbelag schlängelt sich wie ein Teppich zwischen den malerischen Häuserfassaden hindurch. Früher als Rotlichtmeile verschrien, ist sie heute ein angesagter Insta-Spot mit coolen Bars und schicken Restaurants. Hier kannst du dich mittig auf dem pinken Weg platzieren und ein cooles Foto beim Schlendern schießen. Kleiner Tipp: Bei diesem Spot würde ich eher ein dezenteres oder gar weißes Outfit wählen, da es sich sonst mit dem Pink des Weges beißen könnte.

R. Nova do Carvalho 55 | Tram: Corpo Santo; U-Bahn: Cais do Sodré

> TIPP
> In der Pink Street findest du das *Povo*, das sich sehr von den touristischen Fado-Schuppen unterscheidet. Hier treten oft junge Newcomer:innen der Szene auf.

Die schönsten Fotos entstehen kurz vor Sonnenuntergang, wenn die tiefliegende Sonne die Pink Street zum Leuchten bringt. Am besten positionierst du dich dann genau mittig auf der Straße oder setzt dich sogar.

FOTO TIPP

39. TIME OUT MARKET

Willkommen im Schlaraffenland! In dieser Markthalle findet ihr alle kulinarischen Highlights, die Lissabon zu bieten hat, unter einem Dach vereint. Wer Lust auf besondere Spezialitäten, authentische portugiesische, aber auch internationale Küche hat, muss diesem wunderbaren Ort unbedingt einen Besuch abstatten. Hier gibt es alles, was das Herz in kulinarischer Hinsicht begehren könnte, und ganz gleich, ob einem der Sinn eher nach Fisch, Fleisch oder Gemüse steht, man wird auf jeden Fall etwas Köstliches finden.

Am besten nimmt man sich etwas Zeit, um sich ein bisschen umzuschauen und sich von den herrlichen Düften inspirieren zu lassen, bevor man sich entscheidet. Ich habe zum Beispiel an einem portugiesischen Stand verschiedene Krokettensorten ausprobiert, die mit Kartoffelchips serviert wurden – hört sich vielleicht etwas schräg an, schmeckt aber umwerfend gut!

Der Markt hat täglich von 10 Uhr bis 24 Uhr und am Wochenende sogar bis 2 Uhr, geöffnet. Da es zu den Stoßzeiten meist nicht einfach ist, einen Tisch zu ergattern, lohnt es sich, antizyklisch herzukommen, wenn es etwas ruhiger zugeht.

Av. 24 de Julho 49 | Station: Santos | www.timeoutmarket.com | @timeoutmarketlisboa

SEHENSWERTES BAIRRO ALTO & CHIADO

BUCKET LIST
Time Out Market

Snack dich durch den Food-Tempel und bewerte die Leckereien:

MY FAVORITE SNACKS

NAME OF DISH	RATING
	☆ ☆ ☆ ☆ ☆
	☆ ☆ ☆ ☆ ☆
	☆ ☆ ☆ ☆ ☆
	☆ ☆ ☆ ☆ ☆
	☆ ☆ ☆ ☆ ☆
	☆ ☆ ☆ ☆ ☆
	☆ ☆ ☆ ☆ ☆
	☆ ☆ ☆ ☆ ☆

40. CEMITÉRIO DOS PRAZERES – FRIEDHOF DER VERGNÜGEN

Wer mit der Tramlinie Nr. 28 bis zur Endstation fährt, gelangt zu dieser weitläufigen, sehr beeindruckenden Friedhofsanlange, deren etwas befremdlich klingender Name daher rührt, dass die Fläche bis zum Jahr 1833 als Park zur Erholung und Freizeitgestaltung genutzt wurde. Als dann eine Choleraepidemie ausbrach und mehr Platz für Begräbnisstätten benötigt wurde, musste der Park einem Friedhof weichen, der heute eine ebenso diffuse wie faszinierende Atmosphäre versprüht. Auf zypressengesäumten Wegen kann man hier kreuz und quer umherspazieren und die vielen kunstvoll gestalteten Mausoleen bewundern, die Häusern in Miniaturformat gleichen und den Eindruck vermitteln, als wäre man in einer kleinen Stadt unterwegs. Viele sind gut erhalten und gepflegt, andere wiederum sind verwittert und eingefallen und geben den Blick auf die uralten Särge frei. Dazu kommt der Ausblick auf den blauen Tejo und die Christo Statue im Hintergrund. Wer Ruhe sucht und sich für mysteriös-morbide Orte begeistert, ist hier genau richtig!

Praça São João Bosco 568 | Bus: Campo de Ourique, Tram 28

> **Tipp**
> Immer samstags gibt es im Park einen tollen Biomarkt. In regelmäßigen Abständen findet hier auch ein Antikmarkt statt.

Zypresse mit Spezialgerüst im Jardim do Príncipe Real

PARKS

41. JARDIM DO PRÍNCIPE REAL

Der malerische Jardim do Príncipe Real bildet mit seinem wunderschönen alten Baumbestand und seiner entspannten Atmosphäre das Herzstück des Viertels Príncipe Real im Stadtbezirk Merces. Viele Einheimische kommen gern hierher, um sich im Schatten der großen Bäume etwas auszuruhen, ein bisschen miteinander zu plaudern oder um Karten oder Schach zu spielen. Es gibt ein paar nette Cafés, die Erfrischungsgetränke und Snacks anbieten, in einem davon bekommt man sogar Frühstück, Mittag- und Abendessen. Die besondere Attraktion des Parks – vor allem an heißen Tagen als „Sonnenschirm" geschätzt – ist eine gigantische mexikanische Zypresse, die mit einer Krone von 23 m Durchmesser so ausladend gewachsen ist, dass ihre Äste von einem Spezialgerüst gestützt werden müssen.

Unter dem Park befindet sich der Wasserspeicher „Reservatório da Patriarcal", den man nach Voranmeldung besichtigen kann.

Praça do Príncipe Real | Station: Príncipe Real

Keine Lust mehr auf Großstadttrubel? Dann pack dir ein paar Leckereien ein und entspanne hier für ein paar Stunden in der Sonne.

42. TAPADA DAS NECESSIDADES

Abseits der gängigen Touristenpfade findest du direkt am Necessidades-Palast die wunderschöne jahrhundertealte Parkanlage „Tapada das Necessidades". Königin Maria II. residierte hier und in der Folge auch alle weiteren portugiesischen Könige.

Der Park beim Palast ist einer der besten Orte in Lissabon, um spazieren zu gehen, zu lesen oder zu picknicken. Die Seen mit exotischen Pflanzen, der englische Garten und die Statuen verleihen dem von so vielen Königen und Königinnen geliebten Park einen ungezwungenen Charakter. Heute kann ihn jedermann besuchen. Im Sommer ist er einer der angesagtesten Treffpunkte in Lissabon, und die Open-Air-Konzerte sowie die eleganten Picknicks hier erfreuen sich großer Beliebtheit.

Calçada Necessidades | Bus: Av. Inf. Santo

ESSEN & TRINKEN

43. THE INSÓLITO

Eine richtig coole Adresse: Von der Terrasse dieser Bar mit Restaurant genießt du einen wunderschönen Ausblick auf die Stadt – vor allem für abends solltest du reservieren. Das einst herrschaftliche Gebäude stammt aus dem 19. Jahrhundert, der alte Aufzug darin bringt dich hinauf. Das vornehme Flair ist immer noch spürbar, aber heute geht's hier ganz ungezwungen zu. Vom Tresen aus kannst du das quirlige Treiben in der Küche beobachten, wo kleine, aber feine Gerichte auf die Teller gezaubert werden. Insgesamt – ein Genuss!

R. de São Pedro de Alcântara 83 | Bus: S. Pedro Alcântara | www.theinsolito.pt | @insolito.pt

44. RESTAURANT NOOBAI

Diese wunderschöne Rooftop-Location ist wirklich einen Besuch wert. Es gibt hervorragendes Essen und eine einmalige Aussicht auf die Hängebrücke und die Christus-Statue. Du kannst hier wunderbar frühstücken, Kuchen essen, mediterrane Snacks, frische Cocktails und guten Wein probieren oder traditionelle Fischgerichte und andere Schätze aus der portugiesischen Küche genießen. Bei meinem letzten Besuch haben wir dort leckere Tapas probiert und eine Sangria mit Erdbeeren getrunken. Wahnsinnig lecker! Im Hintergrund spielt leise Musik, und gekrönt wird das Ganze von diesem fantastischen Blick über die Dächer der Stadt bis hin zur Tejo-Mündung. Vorher reservieren.

Miradouro de Santa Catarina (Adamastor) | Station: Rua de São Paulo / Bica | www.noobaicafe.com | @noobai_lx

Aussicht im Noobai

FOTO TIPP

Den Sonnenuntergang über dem Tejo genießt du mit einer frischen Sangria am besten hier!

In dieser „cleanen" Location kommen nicht nur die superleckeren Speisen toll zur Geltung, hier lassen sich auch tolle Ganzkörper-Aufnahmen knipsen.

45. DEAR BREAKFAST

Eine Liebeserklärung an die wichtigste Mahlzeit des Tages: In den superstylishen Dear-Breakfast-Filialen (es gibt mehrere in der Stadt), kannst du von morgens bis spätnachmittags „egg-zentrisches" Frühstück genießen! Was das bedeutet? Hier werden Eier auf alle möglichen Arten zubereitet und zusammen mit weiteren köstlichen Frühstück-Highlights serviert. Ob Toast, Brioches, Lachs, Pancakes, Waffeln, Joghurt, Obstsalat, Cerealien oder frische Smoothies – hier bekommst du alles, was du für ein ausgedehntes Frühstück brauchst. Das Ambiente mit viel weißem Marmor ist minimalistisch und edel und setzt die kunstvoll zubereiteten, farbenfrohen Speisen optimal in Szene. Akutell eher noch ein geheimer Insta-Spot, aber du wirst sehen, das ändert sich schnell!

R. Gaivotas 17 | Tram: R. Poço Negros | www.dearbreakfast.com | @dearbreakfast

46. AO 26

Diese hippe Location bietet u.a. hervorragende vegane Speisen. Freundliches Personal, entspannte und lockere Atmosphäre, faire Preise – top! Von den gemütlichen Tischen aus kann man zuschauen, wie die Speisen in der offenen Küche frisch zubereitet werden. Es gibt würzige Burger in verschiedenen Geschmacksrichtungen, diverse Sandwiches, kreativ angerichtete Salate und Desserts zum

BUCKET LIST
Dear Breakfast

Schreib' eine Liebeserklärung an dein Frühstück:

Dear Breakfast,

Dahinschmelzen. Ein echtes Highlight in Lissabon, auch für Fleischesser absolut empfehlenswert!

R. Vítor Cordon 26 | Tram: R. Vitor Cordon / R. Serpa Pin | www.facebook.com/ao26vegan foodproject | @26veganfoodproject

47. BY THE WINE

Wenn du einen ausgiebigen Sightseeing-Tag gemütlich bei einem Glas Wein und leckeren landestypischen Tapas ausklingen lassen möchtest, dann ist diese Weinbar genau die richtige Adresse. Platz findet man entweder an der schicken langen Theke oder an einem der kleinen Tische. Ein echter Hingucker ist das große Gewölbe mit tausenden Flaschen an den Wänden! Die Kellner sind freundlich, die Weine und das Essen ausgezeichnet, die Preise top und die Atmosphäre ist einfach nur total gemütlich. Ein echter Wohlfühl-Ort – hier kann man sich fallenlassen und genießen!

Rua das Flores 41-43 | Bus: Praça Luís de Camões | www.bythewine.pt | @bythewinelisboa

> **TIPP**
> Wenn ihr zu mehreren herkommt, bestellt verschiedene Tapas und probiert euch durch, denn die Auswahl ist wirklich umwerfend gut!

48. MERCADO DE CAMPO DE OURIQUE

Diese Markthalle ist bei Einheimischen sehr beliebt, die gern hierher kommen, um frischen Fisch und Gemüse einzukaufen. Der Mercado de Campo de Ourique verfolgt mit einem großen Speisenangebot ein ähnliches

A Cevicheria

Konzept wie der Time Out Market (siehe Nr. 39), ist aber wesentlich kleiner und beschaulicher – und das Beste: Er gilt noch als echter Geheimtipp und ist deshalb auch nicht so überlaufen. Hier kannst du dich in Ruhe unters einheimische Volk mischen und neben richtig gutem, preisgünstigem Essen echtes Lissabonner Leben genießen.

R. Coelho da Rocha 104 | Bus: R. Francisco Metrass | www.mercadodecampodeourique.com | @mercadodecampodeourique

49. A CEVICHERIA

Dieses Restaurant zählt zu den beliebtesten Fischlokalen Lissabons! Der hohe Bekanntheitsgrad ist dem Chef Kiko Martins aber nicht zu Kopf gestiegen, denn obwohl der Andrang groß ist, gibt es hier nur wenige Tische – Reservierungen werden nicht angenommen. Du brauchst also etwas Glück, um einen Sitzplatz zu bekommen, aber wenn du das geschafft hast, kannst du, umgeben von weißem Marmor in maritimem Ambiente, die köstlichsten lateinamerikanisch-mediterranen Fischkreationen genießen, die du dir nur vorstellen kannst. Es ist kein Zufall, dass das peruanische Nationalgericht Ceviche – halbgare Fischwürfel mit Limettensaft, Zwiebeln und Koriander – dem Restaurant seinen Namen verleiht: Hier wird alles serviert, was schwimmt, und wie zum Trotz schwebt ein Riesenkrake über den Köpfen der Gäste.

R. Dom Pedro V 129 | Station: Príncipe Real | www.acevicheria.pt | @acevicheria_chefkiko

50. VALDO GATTI

Hausgemachte Hefe, Bio-Vollkornmehl, Bio-Olivenöl – daraus entsteht im Valdo Gatti der Teig für leckere Pizzen. Besonderen Wert legt man hier auf die Entstehung der „cornicione", die für eine weiche Kruste sorgt. Auch die Beläge sind bio. Das Restaurant ist sehr beliebt, daher am besten reservieren! Für Wartende gibt's eine virtuelle Schlange: Du scannst einen QR-Code an der Tür, wirst auf dem Handy benachrichtigt, sobald du dran bist und kannst dich vorher noch ein wenig in der Umgebung treiben lassen.

R. do Gremio Lusitano 13 | Bus: Lg. Trindade Coelho | valdogatti.com | @valdogatti

51. RESTAURANTE SINAL VERMELHO

Eine Top-Adresse, um richtig gute, landestypische Fisch- und Fleischgerichte zu genießen! Das authentische Restaurante Sinal Vermelho liegt mitten im lebendigen Bairro Alto und steht nicht nur bei Tourist:innen, sondern auch bei Einheimischen hoch im Kurs. Die Einrichtung ist schlicht, die Wände sind mit den typischen portugiesischen Azulejos verziert, die Kellner sind freundlich und die Atmosphäre zwanglos und entspannt. Wer draußen sitzen möchte, kann vor dem Lokal an einem der kleinen Tische unter hellen Schirmen Platz nehmen. Vor allem Meeresfrüchte-Fans werden hier voll auf ihre Kosten kommen.

R. das Gáveas 89 | Station: Largo Trindade Coelho | www.facebook.com/RestauranteSinalVermelho | @restaurante_sinalvermelho

Blick in die Pharmacia

52. PHARMACIA

Schon mal in einer Apotheke zum Essen gewesen? In Lissabon kannst du's ausprobieren! Das Restaurante Pharmacia serviert bestes Essen und ist eine der kuriosesten Gastronomie-Locations der portugiesischen Hauptstadt. Es befindet sich im einstigen Krankenhaus des Santa-Catarina-Viertels und teilt sich das wunderschöne altehrwürdige Gebäude mit – wie passend! – dem Pharmazie-Museum. In diesem Restaurant dreht sich alles, aber auch wirklich alles, um das Thema Apotheke: Die Kellner tragen weiße Kittel, Möbel und Deko stammen vollständig aus dem Bereich der Medizin, als Weinkühler dienen alte Messbecher und selbst die Rechnung wird in einem Apothekergefäß überreicht. Der einzige „Nachteil": Vor lauter Staunen kommt man kaum zum Essen... Draußen gibt es eine hübsche von Heilpflanzen gesäumte, Rasenterrasse mit tollem Blick auf den Miradouro de Santa Catarina.

Rua Marechal Saldanha 2 | Tram: Calhariz (Bica) | www.facebook.com/restaurantepharmacia | @chef_felicidade

53. SUBA

Dieses stylishe Restaurant ist wie das Hotel Verride Palácio Santa Catarina in einem Palast aus dem 18. Jahrhundert mit Blick auf den Tejo untergebracht. Geboten wird gehobene und innovative portugiesische Küche – du kannst à la carte essen, es stehen aber auch mehrere Menüs und vegetarische Optionen zur Wahl.

Nach dem Essen hat das Hotel noch ein richtiges Highlight zu bieten: Steige unbedingt auf die Dachterrasse hinauf und genieße den Blick über die Stadt und hinaus auf's Meer!

Hotel Verride Palácio de Santa Catarina, R. de Santa Catarina 1 | Station: São Pedro de Alcântara | https://subarestaurante.com | @subarestaurante

wer nicht zum Queue greift, kann hier einiges entdecken. Das Pavilhão Chinês ist über und über mit allem möglichen Schnickschnack dekoriert, von Spielzeugeisenbahnen, Porzellanfiguren und Krügen über Zinnsoldaten und Buddha-Statuen bis hin zu urigen Erinnerungsstücken und Antiquitäten. Ein perfekter Ort, um einen unvergesslichen Abend zu verbringen, leckere Cocktails zu schlürfen und die schrille Sammlung zu erkunden.

Rua Dom Pedro V 89 | Station: São Pedro de Alcântara | www.facebook.com/pavilhaochines.lisboa

54. PAVILHÃO CHINÊS

Mit Worten lässt sich kaum beschreiben, was dich in diesem skurrilen Schuppen erwartet – du musst es einfach mit eigenen Augen gesehen haben. Diese Bar ist ein echter Geheimtipp und nicht nur für Billard-Fans ein Highlight, denn selbst

Traumaussichten im Suba

SHOPPING

55. PRÍNCIPE REAL

Trendy und chic geht es hier zu! Das Príncipe Real ist inzwischen ein eher gehobenes Viertel, in dem es viele individuelle kleine Geschäfte gibt, daneben Antiquitätenläden, Kunstgalerien und vieles mehr. Die Gegend wird von der kreativen Szene sehr geschätzt. Schriftsteller:innen, Künstler:innen und Designer:innen junger Labels lassen sich gern hier nieder, man findet aber auch noch das ursprüngliche Lissabon, wie es damals war, bevor die Tourist:innen kamen. Am besten nimmst du dir Zeit und lässt dich einfach durch dieses ursprüngliche und schicke Viertel treiben – so erlebst du Lissabon auf eine ganz authentische Weise.

R. da Escola Politécnica | Station: Rua da Escola Politécnica

56. AMOREIRAS SHOPPING CENTER

In dieser riesigen Shopping Mall mit rund 300 Läden, mehreren Restaurants und einem Kino triffst du eher auf die Einheimischen. Tourist:innen verirren sich selten hierher. Die großen Ketten sind selbstverständlich komplett vertreten, aber dazwischen findet man auch viele individuelle Shops mit witzigen Sachen.

Nicht auslassen sollte man die große Aussichtsterrasse, die ein wirklich traumhaftes 360°-Panorama bietet.

Av. Engenheiro Duarte Pacheco 2037 | Bus: Amoreiras (C. Comercial) | www.amoreiras.com | @amoreirasshoppingcenter

57. LX MARKET

Hier shoppen die Hipster! Immer sonntags findet auf dem Gelände der LX Factory (siehe Nr. 32) dieser coole Flohmarkt statt, auf dem ihr Klamotten, Second-Hand-Artikel, Schallplatten und regionales Kunsthandwerk shoppen und mit etwas Glück das eine oder andere Vintage-Teil ergattern könnt. Auch viele Lissabonner Designer:innen stellen hier aus. Eine gute Gelegenheit, um beim gemütlichen Bummel das Gelände und die Gebäude der LX Factory zu erkunden und in das bunte Treiben mit jeder Menge interessanter Leute einzutauchen.

R. Rodrigues de Faria 103 | Tram: Calvário | www.lxmarket.com. | @lxmarket

LISSABON
Alfama

Rund um das Castelo de São Jorge zeigt Lissabon sein historisches Gesicht: Alfama ist der älteste Bezirk. Das ehemalige Kleine-Leute-Viertel blieb von dem Erdbeben 1755 größtenteils verschont und ist mit seinen charmant-maroden Häusern besonders reizvoll. Traditionell, aber trendy gibt sich dagegen die Mouraria, das einstige Maurenviertel. Das 19. Jh. repräsentiert das lebhafte Wohnviertel Graça nordöstlich des Castelo.

ERLEBNIS HIGHLIGHTS ALFAMA

> **ABENDS ZUM MIRADOURO DA GRAÇA**
> **IN ENGEN GASSEN FOTOS SCHIESSEN**
> **DEN FADO ERLEBEN**
> **MIT FREUND:INNEN AM TEJO ESSEN GEHEN**
> ....
> ....
> ....

Das alte Lissabon – tolle Aus- und Einblicke!

ÜBERSICHTSPLAN

Alfama

SEHENSWERTES

- ⭐ DIE SCHÖNSTEN AUSSICHTEN LISSABONS
- 59 SPAZIERGANG DURCH ALFAMA
- 60 CASTELO DE SÃO JORGE
- 61 ES LEBE DER FADO
- 62 MUSEU NACIONAL DO AZULEJO
- 63 SÃO VICENTE DE FORA

PARKS

- 64 JARDIM DA CERCA DA GRAÇA

ESSEN & TRINKEN

- 65 LEGUMI SUSHI VEGAN
- 66 BAR TERRAÇO DE SANTA LUZIA
- 67 PRADO RESTAURANTE
- 68 CAFÉ TEATRO DA GARAGEM
- 69 PORTAS DO SOL TERRACE
- 70 CASANOVA
- 71 AUGUSTO
- 72 THE FOOD TEMPLE

SHOPPING

- ⭐ FEIRA DA LADRA (VINTAGE-FLOHMARKT)

Mein absoluter Lieblings-Spot in ganz Lissabon ist die Aussicht von Santa Luzia! Hier gehe ich wirklich bei jedem Besuch hin und genieße den Ausblick oder mache Fotos.

SEHENSWERTES

58. DIE SCHÖNSTEN AUSSICHTEN LISSABONS

MIRADOURO DE SANTA LUZIA

Von einer herrlichen Terrasse, verziert mit den traditionellen Azulejos, kann man hier den Blick in die Ferne schweifen lassen. Deshalb ist es mein absoluter Lieblingsspot in ganz Lissabon! Von hier aus hat man die schönste Aussicht über die Dächer der Stadt und kann tolle Fotos schießen. Ich liebe die entspannte Atmosphäre dort, es ist immer was los, von irgendwo ertönt immer Musik und alles ist sehr relaxed. Man kann den Aussichtspunkt sowohl zu Fuß als auch mit der Tram 28E erreichen.

MIRADOURO DAS PORTAS DO SOL

Nicht weit entfernt, aber noch ein bisschen höher als Santa Luzia, liegt der Miradouro das Portas do Sol, „das Portal zur Sonne". Der Name sagt eigentlich schon alles ... Der Blick ist postkartenreif: Eng aneinandergeschmiegt reihen sich die weißen Häuser mit ihren roten Dächern. Von hier oben kann man sich schon mal eine kleine Marschroute für den Weg

BUCKET LIST
Schöne Aussichten

Welche ist deine Lieblingsaussicht? Teste unsere und entdecke neue!

BEST VIEW IN TOWN

Name of location	Rating
	☆ ☆ ☆ ☆ ☆
	☆ ☆ ☆ ☆ ☆
	☆ ☆ ☆ ☆ ☆
	☆ ☆ ☆ ☆ ☆
	☆ ☆ ☆ ☆ ☆
	☆ ☆ ☆ ☆ ☆
	☆ ☆ ☆ ☆ ☆
	☆ ☆ ☆ ☆ ☆

durch die verwinkelten Gassen mit ihren kleinen Läden und einladenden Cafés aussuchen. Aber Vorsicht: Alles scheint zum Greifen nah, ist aber doch ein Stück entfernt, so z.B. das Kloster São Vicente de Fora. Hin kommst du mit den Trambahnen 12E und 28E.

MIRADOURO DA GRAÇA

Tram 28E bringt dich zu diesem Aussichtspunkt für einen atemberaubenden Blick über die Stadt – auch die berühmte rote Hängebrücke ist zu sehen. Hier liegt außerdem einer meiner Lieblings-Fotospots der Stadt im Eingangsbereich der Kirche Igreja e Convento da Graça. In diesem gibt es eine Sitzbank vor blau verzierten Wänden, die einen ganz besonderen Charme versprühen. Mehr portugiesisches Flair geht kaum!. Aber auch das Innere der Kirche ist sehr fotogen mit den schönen Bögen, zwischen die du dich für tolle Fotos stellen kannst.

MIRADOURO DA SENHORA DO MONTE

Hoch, höher, am höchsten … Am Ziel angekommen, liegen euch Stadt und Tejo förmlich zu Füßen. In der Wallfahrtskapelle steht ein Steinthron aus dem 12. Jh., der „Cadeira de São Gens" genannt wird und von dem es heißt, dass sich Portugiesinnen dort eine leichte Geburt erbitten.

R. Norberto de Araújo 18 A | Tram: Lg. Portas Sol (Linien 12E, 28E)

Die schöne Kachelwand im Eingangsbereich der Kirche Igreja e Convento da Graça ist ein absolutes Foto-Must-have!

FOTO TIPP

59. SPAZIERGANG DURCH ALFAMA

Keine Skyline, kein Großstadtdschungel – in Alfama werdet ihr entschleunigt. Das ehemalige Kleine-Leute-Viertel blieb vom Erdbeben 1755 größtenteils verschont und ist mit seinen charmant-maroden Häusern besonders reizvoll. Für mich ist es der fotogenste Stadtteil Lissabons, ein wahres Foto-Paradies. Man findet an jeder Ecke schöne Häuserfassaden mit den typischen farbigen Kacheln, die hier und da wie der Putz der Fassaden auch schon mal ein wenig bröckeln, aber genau das ist es, was Alfama so einzigartig macht. Schlendert einfach mal durch die Straßen und verliert euch in den vielen kleinen Gassen. Am besten nimmt man sich das Castelo de São Jorge als Orientierungspunkt, da weiß man immer, wo man ist, sollten einem die vielen Motive mal zu sehr den Kopf verdrehen.

R. da Regueira 39 | Tram: Lg. Portas Sol

> **TIPP**
> Antonius hilft! Wer es schafft, eine Münze in das Buch des heiligen Antonius vor der Igreja Santo Antonio zu werfen, wird garantiert seinen/ihren Traumpartner:in finden.

60. CASTELO DE SÃO JORGE

Diese Festung bietet einen atemberaubenden Blick über die Stadt. Außerdem gibt es auf der gesamten Anlage sehr viel Geschichtliches zu entdecken: Von den Mauren erbaut, war hier jahrhundertelang der Sitz der Könige – mehr dazu findet ihr in der Dauerausstellung. Trotz sehr vieler Besucher:innen verlaufen sich die Massen auf dem Gelände, und man findet gut ein ruhiges, schattiges Plätzchen, um das schöne Ambiente zu genießen. Ich habe diese Burg damals mit meinen Eltern besucht, mit denen ich meinen allerersten Lissabon-Trip gemacht habe. Daran erinnere ich mich immer gern zurück.

R. de Santa Cruz do Castelo | Bus: Castelo

61. ES LEBE DER FADO

Wer sich ein bisschen mit Portugal beschäftigt, stößt irgendwann zweifellos auf den Fado, den traditionellen portugiesischen Musikstil, in dem Trauer, Sehnsucht und Weltschmerz ihren Ausdruck finden. Eine ideale Adresse, um mehr über die Fakten und die Entstehung zu erfahren, ist das Museu do Fado. Nichts aber ist authentischer als ein Liveabend mit den ergreifenden Klängen in einem der speziellen Lokale und Clubs. Empfehlenswert sind z.B. der Clube de Fado und das Mesa de Frades. Hier ist nicht nur die Musik stimmungsvoll, sondern auch das Ambiente: Die Wände sind verziert mit kunstvoll gestalteten Azulejos, dazu passt das gemütliche Holzmobiliar. Bevor zu fortgeschrittener Stunde der musikalische Teil des Abends beginnt, lässt man sich hier kulinarisch verwöhnen.

Museu do Fado | Largo do Chafariz de Dentro 1 | Bus: Cais Lingueta

Clube de Fado | R. de São João da Praça 86 | www.clubedefado.pt | @clubedefado

Mesa de Frades | Rua dos Remédios 139A | www.facebook.com/mesadefradeslisboa | @mesadefrades

Blick vom Castelo

Wem der steile Aufstieg zur Festung zu mühsam ist, der kann an manchen Stellen den Aufzug nehmen (z.B. im Graffiti Carpark). Man muss jedoch die Augen danach offen halten!

Fado Graffito (Nr. 1)

62. MUSEU NACIONAL DO AZULEJO

Azulejos, das sind die typischen bunt gemusterten Kacheln, die zahlreiche Lissabonner Hausfassaden zieren. Das Museum zeigt die Entwicklung der Kacheln und deren Bedeutung für Portugal über mehrere Jahrhunderte. Am besten die Gratis-App runterladen, die den Audioguide ersetzt und die umfangreiche Sammlung erklärt. Mich haben diese schönen Kachelwände wirklich fasziniert, da ich so etwas vorher noch nirgendwo gesehen hatte. Ich finde, sie verleihen dem gesamten Stadtbild eine wirklich einmalige Optik und eignen sich hervorragend als Foto-Motiv!

Untergebracht ist das Museum in den Kreuzgängen und Gebäudetrakten des ehemaligen Klosters Madre de Deus – ebenfalls sehenswert! Für das leibliche Wohl sorgt ein nettes Café unter Palmen. Und noch ein Tipp: Wer Zeit und Lust hat, kann an festen Terminen unter fachmännischer Anleitung im Museum selbst Kacheln bemalen.

Rua da Madre de Deus 4 | Bus: Igreja Madre Deus

63. SÃO VICENTE DE FORA

Eine wunderschöne und beeindruckende Kirche, deren Ursprünge bis ins 12. Jh. zurückreichen. Kein Wunder ist der Blick frontal auf die Kirche mit ihren vielen Treppen ein beliebter Insta-Shot! Am besten gefällt mir jedoch der Innenhof, der üppig mit Blumen geschmückt ist. Oder du gehst die schmalen Treppen nach oben und genießt den tollen Blick über die Stadt. Selbst wenn du dich nicht so sehr für Kirchen und Klöster interessierst, solltest du unbedingt einen Blick in die Igreja de São Vicente de Fora werfen. Im Inneren befinden sich nämlich schöne Räume mit den typisch handbemalten Kachelwänden. Sie zeigen die Geschichte des Namensgebers der Kirche und des Schutzpatrons der Seefahrer, St. Vincent – ein tolles Foto-Motiv!

Largo São Vicente | Station: Voz Operário

PARKS

64. JARDIM DA CERCA DA GRAÇA

In der weitläufigen grünen Oase, die die Viertel Mouraria und Graça verbindet, lässt es sich gut aushalten. Hier wird einfach jeder glücklich: Für den perfekten Überblick sorgt eine tolle Aussicht, und auf den Wiesen kann man einfach mal alle Viere von sich strecken, picknicken, seinen Gedanken nachhängen und der Sonne ein Lächeln schenken. Es gibt drei Aussichtspunkte: die große Liegewiese, den Lunch- und Picknickpark und den schönen Obstgarten. Ein idealer Ort, um nach einer Erkundungstour durch die unzähligen Gässchen des historischen Lissabon auszuruhen.

Calçada do Monte 46 | Station: R. Graça

ESSEN & TRINKEN

65. LEGUMI SUSHI VEGAN

Ich selbst ernähre mich nicht vegan, fand es aber einfach mal spannend, das auszuprobieren. Wir haben ein riesiges Sushi-Menü für Zwei probiert und ich war wirklich begeistert! Die Mitarbeiter waren wahnsinnig freundlich und hilfsbereit, als wir nicht so recht wussten, was wir bestellen sollten. Dazu spielte ein Künstler angenehm Gitarre – alles in allem ein sehr gelungener Abend! Wer also Sushi mag und mal etwas Neues ausprobieren will, der ist hier definitiv richtig.

Calçada do Monte 92 | Station: R. Graça | www.legumisushivegan.com | @legumisushi

Aussicht in der Bar Terraço Santa Luzia

66. BAR TERRAÇO SANTA LUZIA

Diese schöne Bar habe ich schon bei einem meiner ersten Aufenthalte in Lissabon vor einigen Jahren mit meiner Freundin entdeckt. Von hier aus hat man eine großartige Aussicht über die Dächer Lissabons, die man bei einem Kaffee oder Cocktail toll genießen kann.

R. Norberto de Araújo 18A | Tram: Lg. Portas Sol | www.facebook.com/Bar-Terraco-Santa-Luzia | @barterracosantaluzia

67. PRADO RESTAURANTE

Das Prado ist ein tolles Restaurant für alle, die gute Küche zu fairen Preisen zu schätzen wissen. Hier werden ausschließlich ausgewählte Zutaten der Saison und Region verarbeitet, gemäß einem urbanen Farm-to-Table-Konzept. Schon beim Studieren der Speisekarte läuft einem buchstäblich das Wasser im Mund zusammen: Ziegenmilchbutter, Herzmuscheln, Rote-Beete-Carpaccio, geräuchertes Milcheis mit Honig … Am besten bestellt man eine Handvoll und teilt sich die Leckereien.

Klasse ist auch die Einrichtung: Die ehemalige Farbikhalle wurde in einen Urban Jungle mit modernem Interior verwandelt!

Tv. Pedras Negras 2 | Station: Igreja Sta. Maria Madalena | www.pradorestaurante.com | @pradorestaurante

68. CAFÉ TEATRO DA GARAGEM

Die gemütliche Bar befindet sich im Kulturzentrum Theater Taborda und ist perfekt gelegen: Durch große Fenster genießt man eine erstklassige Aussicht und lässt es sich einfach gut gehen, was besonders an regnerischen Tagen toll ist. Wer noch Tipps für die eigene Wohnung braucht, ist hier übrigens auch an der richtigen Adresse: Alte Türen wurden zu Tischen umfunktioniert, darüber hängen hübsch arrangiert kleine Hängelampen unterschiedlichster Machart – eine coole Idee und eine top Location, die man eigentlich gar nicht verraten sollte.

Costa do Castelo 75 | Tram: Rua dos Lagares | www.teatrodagaragem.com | @cafe.dagaragem

69. PORTAS DO SOL TERRACE

Direkt am Aussichtspunkt Portas do Sol befindet sich ein kleiner Café-Kiosk. Wenn du dir hier aber etwas mehr gönnen und das wunderbare Panorama lieber von einer schicken Location aus genießen möchtest, ist das Portas do Sol – Restaurant, Cocktail-Bar und Café in einem– genau das Richtige. Ein erfrischender Drink, ein Häppchen zur Stärkung, dazu über den Dächern der Alfama gechillt den Blick auf die Stadt und aufs Meer genießen – da vergisst man leicht die Zeit.

Largo das Portas do Sol, Beco de Santa Helena | Tram: Lg. Portas Sol | www.portasdosol.pt

ESSEN & TRINKEN ALFAMA

Portas do Sol Terrace – mit Blick auf Tejo und Alfama

70. CASANOVA

Diese Pizzeria mit Terrasse (an kühlen Tagen gibt's wärmende Decken) und super Blick auf den Tejo gehört zur Kategorie „richtig cool" – und das ist ein bisschen das Problem: Das Lokal ist entsprechend beliebt, reservieren kannst du nicht. Wer nicht warten möchte, sollte also frühzeitig kommen. Auch hier wird versucht, dem italienischen Original zu entsprechen – und tatsächlich kommen dünne, knusprige und wirklich leckere Pizzen aus dem Ofen.

Av. Infante Dom Henrique Loja 7 | Bus: Cç. Cruz Pedra | www.pizzeriacasanova.pt | @pizzeria casanova2000

71. AUGUSTO

Süße Location, trendige, aber auch traditionelle Speisen, nicht überteuert – das sind schon einige Gründe, um dieses Lokal auszuprobieren. Das Augusto ist auf portugiesische und vegetarische Gerichte spezialisiert, unter vielem anderen kannst du leckere Avocado-Toasts, Tartines und Gazpacho genießen. Wer mag, lässt sich dazu noch ein Glas vom Hauswein servieren – man kann es schlechter treffen ...

R. de Santa M.nha 26 | Bus: S. Tomé | @augustolisboapt

72. THE FOOD TEMPLE

Es macht echt Laune, in diesem kleinen vegetarischen und veganen Restaurant in der Mouraria mit seinem ganz speziellen Charme zu essen. Die Atmosphäre ist locker-entspannt, ohne Schnickschnack und Chichi. Eben bodenständig portugiesisch! Das Angebot ist klein, aber dafür stehen ständig neue köstliche Gerichte zur Auswahl. Kein Wunder, dass hier immer full house ist – also unbedingt reservieren. Übrigens werden hier auch Workshops veranstaltet, bei denen sich alles ums Thema Essen dreht.

Beco do Jasmim 18 | Tram: Praça da Figueira | www.thefoodtemple.com | @the_food_temple

ALFAMA

SHOPPING

73. VINTAGE-FLOHMARKT FEIRA DA LADRA

Auf diesem angeblich schönsten und größten Flohmarkt Lissabons (zu Deutsch „Markt der Diebin") findet man alles Mögliche. Einst wurde hier Diebesgut verhökert, heute tummeln sich hier Einheimische wie Tourist:innen und halten Ausschau nach Schnickschnack und Schnäppchen – Feilschen unbedingt erlaubt! Wer auf Vintage-Flohmärkte und die ein oder andere Kuriosität steht, ist hier genau richtig. Der Markt findet immer dienstags und samstags auf dem Campo de Santa Clara links hinter der Kirche São Vicente statt und lässt sich also super mit einem Stadtbummel verbinden.

Jardim Botto Machado, Campo de Santa Clara 26 | Station: Mercado de Santa Clara

SHOPPING ALFAMA

BUCKET LIST
Feira da Ladra

Du hast unseren Tipp abgehakt?
Hier ist Platz für ein Foto.

Flohmarkt-Feeling

ALFAMA

LISSABON
Parque das Nações

Dieses Stadtviertel steht für das Lissabon des 21. Jh. 1998 fand hier die Weltausstellung „Expo" statt und man nutzte die Chance für ein gigantisches Urbanisierungsprojekt: Am Ufer des Tejo enstand quasi aus dem Nichts ein neuer Stadtteil für rund 20 000 Menschen. Beim Flanieren durch diesen neuen Viertel entdeckst du jede Menge architektonischer Perlen des modernen Portugal.

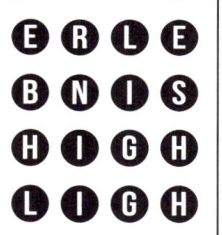

ERLEBNIS HIGHLIGHTS — PARQUE DAS NAÇÕES

> **IN DER GONDEL ÜBER DIE MARINA**
> **DAS BESTE EIS DER STADT**
> **CALATRAVAS BAHNHOF**
> **AVANTGARDISTISCH SHOPPEN**
> ....
> ....
> ....

Hochmoderner Gegensatz zur Altstadt – mit viel Kultur!

ÜBERSICHTSPLAN

Parque das Nações

SEHENSWERTES
- MARINA PARQUE DAS NAÇÕES
- 75 CASINO LISBOA
- 76 TELECABINE LISBOA
- 77 BAHNHOF LISSABON ORIENTE

ESSEN & TRINKEN
- 78 SANTINI
- 79 MISS SAIGON
- 80 TACHO DO PESCADOR
- 81 THE FIFTIES DINER
- 82 CAPRICCIOSA

SHOPPING
- 83 CENTRO VASCO DA GAMA

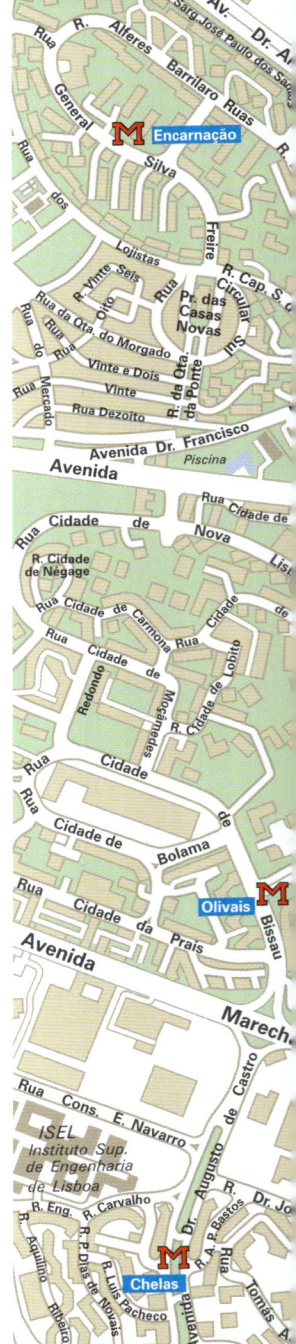

SEHENSWERTES

74. MARINA & TELEFÉRICO DO PARQUE DAS NAÇÕES

Das mega-neue Stadtviertel Parque das Nações, direkt am Wasser, am Fluss Tejo gelegen, hat einen hochmodernen Hafen, wo Jachten verschiedenster Bootstypen auf ihren Reisen gern einen Stopp einlegen. Hier kannst du entspannt bummeln, dir die Schiffe der Reichen und Schönen anschauen und von genialen Reisen träumen. Wenn du selbst etwas mobiler sein willst, mietest du dir ein Fahrrad und fährst gemütlich die Uferpromenade entlang und durch die hübschen Grünflächen drumherum. Im schönen Jardim da Agua kann man z.B. unter einem künstlich angelegten Wasserfall stehen.

Wo früher eine öde Industriegegend war, erlebst du heute das topmoderne Stadtviertel mit Shoppingcentern und vielen Restaurants. Wenn du dir das Ganze von oben ansehen magst, steigst du in den Teleférico do Parque das Nações. Ganz entspannt in der Gondel schwebst du zwischen Fluss und Himmel über den Hafen und kannst dir einen guten Überblick verschaffen – und das zu relativ moderaten Preisen. Die Station Nord liegt am Turm Vasco da Gama, die Station Süd beim Ozeanarium.

Passeio Neptuno | U-Bahn: Estação Oriente | www.telecabinelisboa.pt

Hier miete ich mir gern ein Fahrrad und nehme ein kleines Picknick mit. An der Hafenpromenade oder in einem der zahlreichen Parks finde ich dann immer ein schönes Plätzchen!

SEHENSWERTES PARQUE DAS NAÇÕES

BUCKET LIST
Marina Parque das Nações

Was hast du hier entdeckt?

Marina Parque das Nações

75. CASINO LISBOA

Das Casino befindet sich im ehemaligen Expo-Pavillon: Pavilhão do Futuro (Pavillon der Zukunft). In dieser avantgardistischen Location aus Glas, Stahl und Licht ist allerdings viel mehr geboten als nur das Glücksspiel: Entertainment findet in der Arena Lounge und im Oceans Auditorium statt, mit Live-Konzerten und exklusiven (Zirkus-) Shows. Die Restaurants Le Buffet, Hua Ta Li (traditionelle chinesische Küche) und das Beltejo mit seiner grandiosen Aussicht bieten die unterschiedlichsten Geschmackserlebnisse, in einer der diversen Bars wirst du bestimmt dein Lieblingsgetränk entdecken. In der Kunstgalerie finden wechselnde Ausstellungen statt.

Wer tatsächlich sein Glück herausfordern will, trifft hier auf die unglaubliche Fülle von 1100 Spielautomaten. An den Tischen gibt's u.a. Roulette, Blackjack, Baccara und Poker.

Alameda dos Oceanos 45 | U-Bahn: Estação Oriente | www.casino-lisboa.pt | @casinolisboa

76. OCEANÁRIO DE LISBOA

Zum Standardprogramm eines Trips nach Lissabon gehört der Besuch des riesigen Meerwasseraquariums Oceanário im Parque das Nações. 8000(!) Kreaturen aus den Weltmeeren tummeln sich in sieben Millionen Litern Salzwasser. Kein Wunder, denn das Ozeanarium ist das größte überdachte Meeresaquarium Europas. Du stehst vor riesigen Glaswänden und fühlst dich eins mit dem Ozean.

Die unterschiedlich temperierten Becken zeigen Gewässer aus den gemäßigten, tropischen und eisigen Klimaregionen. Fische gibt's in einer gigantischen Vielfalt zu sehen, von mini und bunt bis groß und gefährlich: Nemo schwimmt hier genauso wie Rochen und Haie. Zudem gibt es Ökosysteme mit Vögeln, z.B. Pinguinen, aber auch Amphibien wie Fröschen, Salamandern und dem exotischen Axolotl. Sogar ein Seeotter lebt hier, diverse Pflanzen und Algen gehören selbstverständlich auch dazu. Für das Ozeanarium und die Telecabine gibt es ein Kombiticket.

Esplanada D. Carlos I | U-Bahn: Estação Oriente | www.oceanario.pt | @oceanariodelisboa

> **TIPP**
> Das Ozeanarium bietet in Kooperation mit der Tauchschule Nautilus-Sub Tauch- und Schnorchelgänge im eine Autostunde entfernten Sesimbra an, um Anfänger:innen und Fortgeschrittenen die Biodiversität des Meeres näherzubringen.

Hier gibt es zahlreiche Fotospots. Am besten positionierst du dich weiter vorn am Eingang und wirst etwas von unten fotografiert. So bekommst du den gesamten „Flügel" eindrucksvoll auf dein Bild.

77. BAHNHOF LISSABON ORIENTE

Der hochmoderne und architektonisch herausragende Bahnhof Estação Oriente wurde für die Weltausstellung und das neue Stadtviertel erbaut. Die Pläne stammen vom Stararchitekten Santiago Calatrava. Wer mit Bus, Bahn oder U-Bahn ohnehin hier vorbeikommt, sollte unbedingt aussteigen, alle anderen sollten extra herkommen, denn dieses Bauwerk ist einmalig. Die markanten riesigen Bögen über den Gleisen hoch über der Straße sind eine gekonnte Mischung aus Gotik und Moderne. Blickfang und sensationeller Fotospot zugleich ist vor allem der riesige aufgewölbte Flügel, der den Zugang überspannt.

Die Gesamtanlage erstreckt sich über mehrere Ebenen, ganz unten hält die Metro, die den Bahnhof auch mit dem nahegelegenen Flughafen verbindet. Lissabon Oriente ist zudem der wichtigste Intercity-Bahnhof der Stadt.

Av. Dom João II | U-Bahn: Estação Oriente

ESSEN & TRINKEN

78. SANTINI

Seit 70 Jahren stellt Santini sein gefeiertes Gelado (Eis) her, und vor Kurzem hat auch eine trendy Location im Parque das Nações eröffnet. Zwar findest du hier keine Sitzplätze, aber die Eiswaffeln sind eh das zweitbeste am Eis. Selbstverständlich geht Santini mit der Zeit und kreiert immer neue Sorten und Variationen. Selbstredend sind die Zutaten alle vom Feinsten, ohne Geschmacksverstärker und Konservierungsmittel, dafür zu 100 Prozent Frucht. Um alle Sorten durchzuprobieren, wirst du ein Weilchen in dieser wunderbaren Stadt bleiben müssen.

Av. Dom João II 1161 | U-Bahn: Estação Oriente | www.santini.pt | @geladosantini

79. MISS SAIGON

Dieses kleine Lokal steht für ethische und bewusste Ernährung, für Balance und Harmonie und einen respektvollen Umgang mit Mensch, Tier und Natur. Hier kommen innovative vegane Gerichte aus über 80 Ländern der Erde auf den Tisch. Zum Konzept gehört zudem, dass möglichst kein Abfall produziert wird. Auf der Speisekarte stehen beispielsweise russisches Stroganoff mit Pilzen sowie schwedische Kottbullar (beide auf Seitanbasis), Hokkaido- und Rote-Beete-Suppe, indische Currys, brasilianischer Eintopf mit Tofu, aber auch gigantische Desserts und ausgefallene Säfte. Das Interior ist wie die Anrichtung der Speisen: reduziert, modern und ein klein wenig verspielt.

Av. Boa Esperança 4C | U-Bahn: Estação Oriente | www.miss-saigon.pt | @misssaigoncuisine

80. TACHO DO PESCADOR

Wer sich für die Tradition und die Gerichte der Portugies:innen interessiert und begeistert, ist hier richtig. Aus frischen Zutaten kreieren die Köch:innen im Tacho typische

ESSEN & TRINKEN PARQUE DAS NAÇÕES

BUCKET LIST
Santini

Probiere dich durch das Eissortiment des Santini und beschreibe deine Lieblingssorten mit Hilfe der Geschmacksblumen.

ÜBERRASCHEND SÜSS ☆☆ ☆☆
SCHARF
SCHOKOLADIG — SAUER
HERB — Sorte — SALZIG
SORBET — FRUCHTIG
CREMIG

ÜBERRASCHEND SÜSS ☆☆ ☆☆
SCHARF
SCHOKOLADIG — SAUER
HERB — Sorte — SALZIG
SORBET — FRUCHTIG
CREMIG

ÜBERRASCHEND SÜSS ☆☆ ☆☆
SCHARF
SCHOKOLADIG — SAUER
HERB — Sorte — SALZIG
SORBET — FRUCHTIG
CREMIG

ÜBERRASCHEND SÜSS ☆☆ ☆☆
SCHARF
SCHOKOLADIG — SAUER
HERB — Sorte — SALZIG
SORBET — FRUCHTIG
CREMIG

ÜBERRASCHEND SÜSS ☆☆ ☆☆
SCHARF
SCHOKOLADIG — SAUER
HERB — Sorte — SALZIG
SORBET — FRUCHTIG
CREMIG

81. THE FIFTIES DINER

Eine Zeitreise ins Amerika der 1950er-Jahre gefällig? Hier kommen leckere Burger aller Art zu manierlichen Preisen auf den Tisch, genauso wie Hotdogs und Sandwiches, auch mit Pulled Pork und Pulled Truthahn. Zudem sind Baby Back Rips und Salate im Angebot. Wer danach immer noch Appetit hat, kostet einen Brownie oder einen Käsekuchen, vielleicht auch Pancakes, Waffeln oder Eis? In diesem typisch amerikanischen Ambiente lassen sich neben dem guten Essen auch tolle Fotos im Fifties-Style machen!

Av. Dom João II 43E | U-Bahn: Estação Oriente | www.thefifties.pt

82. CAPRICCIOSA

Capricciosa betreibt mehrere geniale Pizza-Locations, eine davon im Parque das Nações. Im ersten Stock des „República da Cerveja" werden hier im Holzofen erstklassige Pizzen aus frischen Zutaten gezaubert. Auf der Karte stehen außerdem Salate, Scallopini und natürlich italienische Desserts. Der Blick auf den Fluss und die Ponte de 25 Abril ist herrlich und das ganze Ambiente hell und freundlich. Im Sommer lässt es sich auf der Terrasse speisen – ein super Italiener in Portugal.

Passeio das Tágides 2.26.01 | U-Bahn: Estação Oriente (rote Linie) | www.capricciosa.com.pt | @capricciosapizzasartesanais

Fisch- und Meeresfrüchte, aber auch Fleischgerichte mit authentischem Geschmack. Auf der Karte stehen z.B. Francesinha, das portugiesische Sandwich, Thunfischsteak mit Ofenkartoffeln, Açorda, die berühmte Brotsuppe sowie Feijoada Transmontana, der portugiesische Bohneneintopf. Dazu gibt's selbstgebackenes Brot vom Küchenchef. Das Ambiente ist großzügig, modern und angenehm. Serviert wird im Erdgeschoss, im ersten Stock und auf der großen Terrasse am Fluss.

Rua Pimenta 17 | U-Bahn: Estação Oriente | www.tachodopescador.pt | @pregodpescador

SHOPPING

83. CENTRO VASCO DA GAMA

Ein gigantisches Shopping-Erlebnis bietet das Centro Vasco da Gama mit seinen 170 Läden. Die avantgardistisch designte helle Shopping Mall hat super Klamottenläden – auch mit portugiesischen Marken. Hier kannst du den ganzen Tag stöbern und wirst bestimmt etwas Geniales ergattern. Und natürlich gibt's hier auch noch alles mögliche andere zu kaufen.

Wer vom Shoppen genug hat, macht es sich in einem der sechs Kinosäle oder auf einer der Terrassen gemütlich. 33 Restaurants bzw. Cafés sorgen dafür, dass du wieder zu Kräften kommst.

Av. Dom João II 40 | U-Bahn: Estação Oriente | www.centrovascodagama.pt | @centro.vascodagama

LISSABON

Belém & Monsanto

Belém ist 7 km westlich vom Stadtzentrum am Tejo gelegen und echt klasse, wenn man mal raus aus der Großstadt und das Umland entdecken will. Hier weht der Hauch der legendären Tage, als portugiesische Seefahrer aufbrachen, um die Welt jenseits des bekannten Horizonts zu erkunden, hier kannst du den Reichtum jener Zeit hautnah erleben.

ERLEBNISHIGHLIGHTS

> **IM TUK TUK ZUR HÄNGEBRÜCKE**
> **DAS HIERONYMITENKLOSTER DURCHWANDERN**
> **ZU FUSS DEN ENTDECKER-ROUTEN FOLGEN**
> **BEACHDAY IN CASCAIS**
> ....
> ....
> ....

Weltkulturerbe und Moderne — zum Abschluss noch mehr Highlights!

ÜBERSICHTSPLAN

Belém & Monsanto

SEHENSWERTES

- 84 ⭐ WINE WITH A VIEW
- 85 DIE BESTEN PASTÉIS DE NATA
- 86 MAAT
- 87 PONTE 25 DE ABRIL & CHRISTO REI STATUE
- 88 MOSTEIRO DOS JERÓNIMOS
- 89 MUSEO DO CARRIS
- 90 PANORÂMICO DE MONSANTO
- 91 JARDIM ZOOLÓGICO DE LISBOA
- 92 DOCA DE BELÉM
- 93 MONUMENTO AOS COMBATENTES
- 94 BEACHDAY
- 95 TAGESAUSFLUG NACH SINTRA

PARKS

- 96 PARQUE FLORESTAL DE MONSANTO

ESSEN & TRINKEN

- 97 ⭐ MISTER TAPAS
- 98 CHURRASQUEIRA DO MARQUÊS
- 99 ENOTECA DE BELÉM

SHOPPING

- 100 ALEGRO ALFRAGIDE

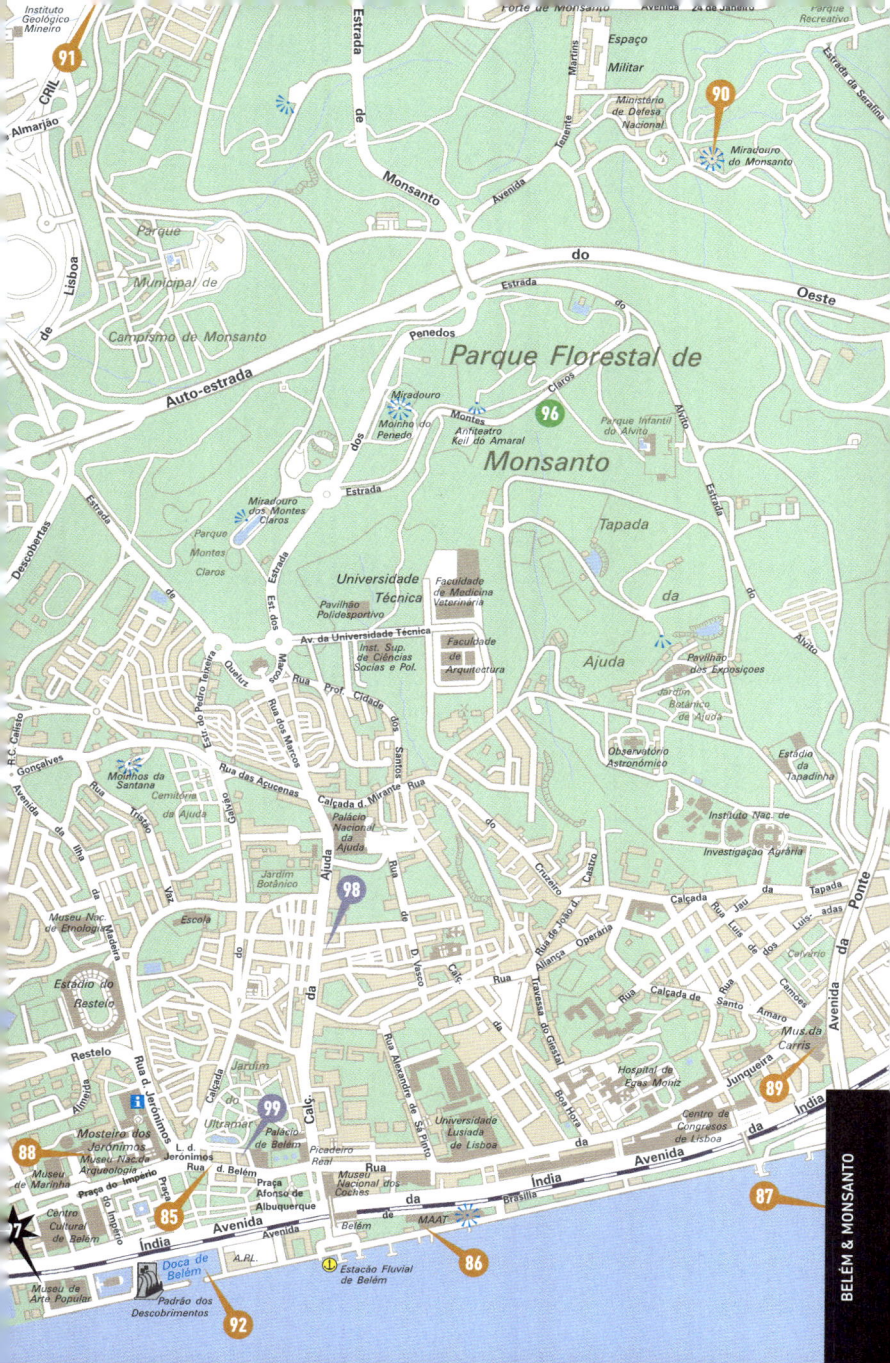

SEHENSWERTES

84. TORRE DE BELÉM

Dieser mächtige, über 500 Jahre alte Turm ist ein Muss für jeden, der nach Lissabon reist, denn er zählt zu den Wahrzeichen der Stadt. Ich empfehle, ihn auch innen zu besichtigen (u.a. diente er einmal als Gefängnis) und bis nach oben zu gehen. Von der Plattform im vierten Stock hat man in 35 m Höhe eine tolle Sicht. Allerdings braucht man in der Hochsaison schon etwas Geduld …

Auf jeden Fall ist der Torre de Belém ein ikonischer Fotospot, der perfekt ist, um beeindruckende Insta-Fotos zu schießen. Setz dich seitlich auf die Mauer, die sich vor dem Turm befindet, sodass man dich und den Turm im Hintergrund gut sehen kann. So vermeidest du auch, dass andere Besucher:innen in größerer Zahl mit aufs Bild kommen.

Av. Brasília | Station: Largo da Princesa

> **TIPP**
> Ein Gläschen Wein gefällig? An den Dreirad-Mopeds von Wine With a View am Torre de Belém bekommst du ein leckeres Glas Wein und kannst die Aussicht genießen.

SEHENSWERTES BELÉM & MONSANTO

BUCKET LIST
Wine with a view

Du hast unseren Tipp abgehakt?
Hier ist Platz für ein Foto.

Mein Blick auf den Torre de Belém

BELÉM & MONSANTO

GUIDE ME LISSABON MEINE STADT IN 100 TIPPS

85. WO GIBT'S DIE BESTEN PASTÉIS DE NATA?

Hmmm …! Pastéis de Nata, die superleckeren Blätterteigtörtchen mit einer Creme aus Eigelb, Zucker, Milch und Mehl, sind die portugiesische Süßspeise! Höchstwahrscheinlich wurde sie im 18. Jh. von Mönchen kreiert – sie überlieferten jedenfalls das Originalrezept. Du musst das meist mit Zimt oder Puderzucker bestreute Puddinggebäck unbedingt probieren! Aber wo gibt's die besten Pastéis de Nata?

CAFÉ PASTÉIS DE BELÉM

Erster Kandidat für mich ist die Confeitaria Pastéis de Belém. Im Jahr 1837 kauften deren Urväter den Mönchen das Rezept ab, bis heute hält man es hier in Ehren, hütet es eifersüchtig und backt fleißig danach. Jedes Mal, wenn ich in Lissabon bin, muss ich einfach hierher – ich liebe die Pastéis so sehr! Lasst euch von der langen Schlange am Café nicht abschrecken. Das warten lohnt sich auf jeden Fall, und drinnen gibt es in gemütlicher Atmosphäre viele Sitzplätze.

Rua de Belem No 84 92 | Tram: Mosteiro dos Jerónimos | www.pasteisdebelem.pt | @pasteisbelem

FÁBRICA DA NATA

Mit einer vergleichbaren Tradition kann man bei Fábrica da Nata nicht dienen – erst seit 2016 ist das Unternehmen in Lissabon präsent. Aber auch hier wissen die Bäcker, wie's geht: Wenn die Törtchen frisch aus dem Ofen und noch warm, knusprig und cremig zugleich auf den Teller kommen, ist Genuss pur angesagt!

Praça dos Restauradores 62 – 68 | Station: Restauradores | www.fabricadanata.com | @fabricadanata

MANTEIGARIA

In diesem Törtchen-Himmel, einer Bäckerei, die nichts anderes herstellt als Pastéis de Nata, kannst du beim Backen zuschauen! Was aus dem Ofen kommt, ist schlicht und einfach köstlich!

Rua do Loreto 2 | Tram: Calhariz | @manteigaria.oficial | ww.facebook.com/manteigaria.oficial

86. MAAT

Im MAAT dreht sich alles um Gegenwartskunst, Architektur und Moderne. Das hochmoderne Museum liegt direkt am Tejo und ist architektonisch eine Wucht: Sein futuristisch-spaciger Bau soll an die Seefahrt erinnern und sieht fast wie ein großer Rochen aus, der aus dem Sand schaut. Die Fassade ist zu großen Teilen mit dreidimensionalen Kacheln überzogen, die Bezug auf die traditionelle Kachelherstellung nehmen und das Licht toll reflektieren. Und on the top: Das Dach ist natürlich begehbar … So etwas hat echt nicht jeder Strand zu bieten!

Egal ob drinnen, draußen oder oben drauf – das tolle Gebäude und sein Platz sind auch eine ideale Kulisse für ganz besondere Fotos!

Av. Brasília, Central Tejo | Tram: Altinho (Maat) (Linien 15E, 18E), Bus: Altinho (Maat) (Linien 201, 714, 727, 751) | www.maat.pt

FOTO TIPP: Setz dich am besten auf eine der Stufen, sodass du die Brücke im Rücken hast. Dann lass dich der „Flucht" entlang fotografieren. So hast du alles auf einem Bild!

TIPP

In einer der Säulen findest du die interaktive Ausstellung „Pilar 7 Bridge Experience". Hier tauchst du in ihre Geschichte ein; zum Abschluss wartet die Aussichtsplattform mit Glasboden hoch über dem Fluss!

FOTO TIPP

Dieser beliebte Insta-Spot befindet sich an der Uferpromenade „Avenida de Brasilia".

87. PONTE 25 DE ABRIL & CRISTO-REI-STATUE

Bestimmt jeder hat sie schon einmal auf Fotos gesehen – die berühmte rote Hängebrücke in Lissabon, die den Stadtteil Alcântara mit der Stadt Almada verbindet. Sie erinnert mich wirklich total an die Golden Gate Bridge in San Francisco und ist mindestens genauso schön. Als ich vor ein paar Jahren mit meinem Freund in Lissabon war, haben wir mit einem Mietwagen die Brücke überquert. Es war wirklich eine tolle Erfahrung! Um die Brücke in der besten Perspektive zu sehen, gibt es verschiedene Möglichkeiten. Wenn ihr sie von unten betrachten wollt, könnt ihr von Belém aus auf die Brücke zulaufen. Von der „Avenida de Brasilia" direkt am Wasser habt ihr einen super Blick auf die Brücke. Oder ihr lasst euch mit einem der Tuk Tuks so dicht wie möglich an sie heranfahren, um sie ganz aus der Nähe zu fotografieren. Wenn ihr sie lieber von oben betrachten möchtet, empfehle ich den Aussichtspunkt Cristo Rei. Hier befindet sich die bekannte Christus-Statue, die der in Rio de Janeiro ähnelt und schon von Weitem gut zu sehen ist – kein Wunder bei den Ausmaßen: Ihr Sockel ist 75 m hoch, sie selbst misst 28 m und hat eine Aussichtplattform. Hier oben liegt euch die gesamte Stadt zu Füßen.

Av. da Índia, Pilar 7 da Ponte 25 de Abril | Stationen: Estação de Santo Amaro

88. MOSTEIRO DOS JERÓNIMOS

Das wunderschöne und majestätische Hieronymiten-Kloster ist ein toller Hintergrund für ein Insta-Foto. Setze dich am besten auf eine der Bänke vor dem Gebäude und bitte den/die Fotograf:in, leicht von unten zu fotografieren, sodass sowohl du als auch die gesamte Höhe des Bauwerks auf dem Foto zu sehen sind.

Zusammen mit der Parkanlage drumherum ist das Kloster, dessen Grundstein Anfang des 16. Jh. durch König Manuel I. gelegt wurde, ein Meisterwerk portugiesischer Baukunst. An jedem Winkel, in jeder Ecke zeigen sich teils fernöstlich anmutende Ornamente und Skulpturen. Der doppelgeschossige Kreuzgang und die Kirche, in der neben zahlreichen Königsgräbern auch die Ruhestätte des großen Seefahrers Vasco da Gama zu sehen ist, sind einfach fantastisch. Kein Wunder, dass die Anlage zum Weltkulturerbe gehört.

Wenn du Lust auf einen Museumsbesuch hast, kannst du dich im Archäologischen Museum oder auch im Marinemuseum (in den Seitenflügeln) umschauen.

Praça do Império | Station: Centro Cultural Belém

FOTO TIPP Wer in Ruhe ein Foto mit der Lissabonner Tram machen möchte, hat hier die Qual der Wahl, und vor allem ausreichend Zeit, ganz ohne drängelnde Fahrgäste.

89. MUSEU CARRIS

Dieses besondere Straßenbahnmuseum befindet sich abseits der Menschenmassen. Da ich schon einige Jahre auf Instagram aktiv bin und es mit der Zeit etwas langweilig finde, immer Fotos von denselben Locations zu sehen, haben es mir solch außergewöhnliche Fotospots immer mehr angetan. Hier findet man coole alte Fahrzeuge von früher, dazu beispielsweise Schaffneruniformen, Fahrpläne und Fotos, zudem erfährt man nebenbei auch etwas Geschichtliches über die Straßenbahnen Lissabons. Im Museum bringt ein solches Uralt-Modell der Tram die Besucher:innen von einem Bereich zum anderen. Das Museum zieht bisher noch nicht allzu viele Tourist:innen an, auch deswegen ist es wirklich ein Juwel.

Rua 1º de Maio, 101-10,3 | Tram: Estação de Santo Amaro | www.museu.carris.pt

FOTO TIPP

90. PANORÂMICO DE MONSANTO

Lost Places bieten immer eine abenteuerliche Abwechselung zum gewohnten Sightseeing-Programm: Ein toller Tipp ist das Restaurante Panorâmico de Monsanto, das verlassen und voller Graffiti auf hügeligem Gelände in der weitläufigen Grünanlage Parque Florestal de Monsanto steht. Seinem Namen macht es alle Ehre, denn vom obersten Stock – besser noch vom Dach aus, das über eine Luke zu erreichen ist – hat man den perfekten Überblick, und es macht Spaß, von hier oben markante Punkte im Stadtbild zu suchen: Am Horizont erscheint die Ponte 25 de Abril, in der Altstadt zeichnet sich das alte Aquädukt ab …

Estr. da Bela Vista | Bus: Av. Tenente Martins

Solche Lost Places haben immer einen ganz eigenen Charme und sind tolle Foto-Kulissen mit Endzeitstimmung.

BELÉM & MONSANTO

91. JARDIM ZOOLÓGICO DE LISBOA

Durch Straßen und Gässchen schlendern, Sehenswürdigkeiten besuchen, Cafés und Restaurants testen – warum eigentlich nicht auch mal in den Zoo? Der Lissabonner Zoo wurde 1884 eröffnet und zeigt heute über 2000 Tiere von rund 300 Arten. Hier kann man sich gut die Zeit vertreiben, ein paar Stunden abseits des Tubels genießen und das Geschehen sogar aus der Vogelperspektive von einer offenen Seilbahn aus betrachten. Die Fahrt dauert 15 Minuten und ist im Preis enthalten. Bei so einem Besuch werden Kindheitserinnerungen wach – einfach schön. Bei den Besucher:innen besonders beliebt ist übrigens die vor der Szenerie eines Fischerdorfs angelegte Delfin-Bucht.

Praça Marechal Humberto Delgado |
U-Bahn: Jardim Zoológico | www.zoo.pt |
@jardimzoologico_oficial

92. DOCA DE BELÉM

Seefahrer:innen aufgepasst – das Dock von Belém erinnert an die großen Jahrzehnte im 15./16. Jh., als sich portugiesische Flotten aufmachten, um die Welt zu erkunden. Heute befinden sich hier 194 Anlegestellen inklusive Einrichtungen für Wartungsarbeiten und Reparaturen. So manche Bautechnik von Segelbooten und großen Dampfschiffen wurde hier konzipiert und verfeinert. Nicht weit entfernt liegt das berühmte Mosteiro dos Jerónimos.

Das imposante Denkmal Padrão dos Descobrimentos wurde 1960 zu Ehren Heinrichs des Seefahrers enthüllt und erinnert an den Entdeckergeist des 15./16. Jh. In seinem Inneren gibt es dazu eine Ausstellung, und wer hoch hinaus will, kann zu einer Aussichtsterasse hinaufsteigen. Unbedingt anschauen solltest du die riesige Mosaik-Windrose vor dem Eingang. Auf der zugehörigen Weltkarte kannst du die Routen der Entdecker ablaufen und tolle Fotos schießen!

Av. Brasília | Station: Centro Cultural Belém

BELÉM & MONSANTO

93. MONUMENTO AOS COMBATENTES DO ULTRAMAR

Das hochmoderne Denkmal wurde 1994 eingeweiht als Ort der Erinnerung an die portugiesischen Soldaten, die im Überseekrieg zwischen Portugal und den Kolonien in Afrika (1961–1974) zu Tausenden ihr Leben ließen. Ihre Namen sind auf einer Wand hinter dem Dreieck aufgelistet. Unterhalb der Spitze des Dreiecks – ein Symbol für die Einheit des Landes – brennt eine Flamme als Sinnbild für die Geborgenheit, die die Heimat bietet. Das Wasser steht für die Trennung von ihr. Verstärkt wird die bedeutungsschwere Atmosphäre durch Soldaten, die vor dem Denkmal patrouillieren. Mehr über Daten, Fakten und Hintergründe kann man im Veteranenmuseum in der nahegelegenen Festung Bom Sucesso erfahren.

Av. Brasília | Tram: Largo da Princesa (Linie 15E), Bus: Largo da Princesa (Linie 729)

An schönen Sommertagen lege ich immer einen Strandtag in Cascais ein! So hat man beides: Stadttrubel und sonnigen Beachday.

94. BEACHDAY

Lissabon bietet nicht nur Großstadtleben, sondern auch Strand-Feeling. Wenn ihr etwas mehr Zeit eingeplant habt, dann macht doch einen Ausflug in den nahegelegenen Ort Cascais und gönnt euch dort eine kleine Auszeit vom Großstadttrubel. Cascais ist ein sehr nettes Städtchen mit kleinen Boutiquen. Hier stehen gleich mehrere Strände zur Auswahl: Ribeira Beach Cascais, Praia da Rainha, Praia da Conceição und Praia da Duquesa. Cascais ist super mit dem Zug zu erreichen; vom Hauptbahnhof ist man in 30 bis 40 Minuten dort. Wir haben die Empfehlung damals von einem Einheimischen bekommen und waren wirklich froh, dass wir diesen Ausflug gemacht haben. Empfehlenswert ist auch der Strand von Praia da Torre nahe der Festung São Julião da Barra (Oeiras), der Sand ist ganz fein. Nicht weit davon entfernt bietet sich mit dem Strand von Carcavelos schon die nächste Möglichkeit zum Chillen. Und wer neben Faulenzen gern auch noch ein bisschen auf einer Promenade flanieren möchte, der wird in Costa da Caparica glücklich. Da kann man den Picknickkorb getrost zu Hause lassen, denn in den Restaurants und schicken Bars ist man natürlich happy, wenn der Rubel rollt.

Bahn: Oeiras (Linha de Cascais)

95. AUSFLUG NACH SINTRA

Sintra ist ein genialer Tipp für einen Tagesausflug. Das schmucke Städtchen hat jede Menge Sehenswürdigkeiten zu bieten. Gleich im Zentrum sticht der Palácio Nacional de Sintra mit seinen zuckerhutartigen Kaminschornsteinen heraus. Drinnen staunt man nicht schlecht: Große Säle mit imposanten Deckengemälden und Möbeln erzählen so manche Anekdote vom Leben am damaligen Hof. Lust auf mehr? Dann heißt's, die Gegend erkunden: Da wäre z. B. die Quinta da Regaleira, ein herrschaftliches Anwesen mit einer spannenden Parkanlage mit Grotten und Brunnen. Ein bisschen erinnert es an ein Geisterschloss. Wer's rustikaler mag, ist bestens mit dem Castelo dos Mouros bedient, der Maurenfestung aus dem 8./9. Jh., die hoch über der Stadt liegt – mit perfekter Aussicht. Den Instagram-Spot hier, den Palácio da Pena – Portugals Neu-

> **FOTO TIPP**
>
> Dieser atemberaubende Fotospot bietet eine magische Kulisse für deine Insta-Fotos.

> **TIPP**
> How lovely – der Palácio Nacional da Pena nahe dem Castelo dos Mouros ist sozusagen das portugiesische Neuschwanstein. Toll – aber auch wahnsinnig überfüllt.

schwanstein, findest du ein Stückchen weiter. Tauche ein in die leuchtenden Farben, die kunstvolle Architektur und die malerische Umgebung. Nutze die Gelegenheit, deinen Insta-Feed mit Aufnahmen dieses einzigartigen Ortes zu bereichern. Mein Tipp: Plane deinen Besuch früh morgens – tagsüber wird es hier wahnsinnig voll, besonders in der Hauptsaison. Tickets vorher online reservieren!

Bahn: Sintra (Linha de Azambuja, Linha de Sintra)

PARKS

96. PARQUE FLORESTAL DE MONSANTO

Mal so richtig Lust auf Nichtstun und Luftholen abseits vom städtischen Treiben? Dann auf zum Parque Florestal de Monsanto: In der 800 ha großen Parkanlage im Westen von Lissabon kann man klasse relaxen, spazieren gehen, seinen Gedanken nachhängen und nebenbei auch noch so manches entdecken, z. B. das Restaurante Panorâmico de Monsanto. Für Sportfreaks gibt's u.a. Fahrrad-, Wander- und Reitwege sowie Freeclimbing- und Skateanlagen.

Serra de Monsanto | Bus: Tribunal Monsanto

ESSEN & TRINKEN

97. MISTER TAPAS

Chillen, Tapas knabbern, gute Musik und dazu noch direkt am Wasser sitzen – Urlaub kann so schön sein, man muss nur zu Mister Tapas, dem süßen Imbissstand auf drei Rädern, gehen. Echt top, wenn man mal eine Verschnaufpause braucht.

Av. Brasília | Tram: Centro Cultural Belém | @mistertapas

98. CHURRASQUEIRA DO MARQUES

Wenn der Duft von frisch Gegrilltem in die Nase steigt, weiß man, dass die Spezialität des Hauses, Hähnchen mit Pommes und Salat, gleich auf den Tisch kommt. Die Sitzplätze sind eher schlicht gehalten, denn die Churrasqueira do Marques ist mehr oder weniger eine Kombi aus Imbiss und Restaurant. Man kann die Gerichte nämlich auch mitnehmen.

Calçada da Ajuda 184 | Bus: Rua Bica do Marquês | www.churrasqueiradomarques.pt

99. ENOTECA DE BELÉM

Diese Encoteca liegt etwas versteckt und ist gerade deshalb auch ein besonderer Tipp. Die Weine, wie auch das Essen, sind wirklich erstklassig. Eine schicke Location, wenn's mal ein bisschen was Besseres sein soll.

Travessa do Marta Pinto 10 | Station: Mosteiro dos Jerónimos | @enotecadebelem

Meganice Location für Tapas am Wasser.

SHOPPING

100. ALEGRO ALFRAGIDE

Shoppen, shoppen, shoppen – wenn man sich mal wieder so richtig durch eine Armada von Geschäften durcharbeiten will, ist das Alegro Alfragide die richtige Adresse – aber eben auch eine Einkaufsmall wie überall …

Av. dos Cavaleiros 60 | Bus: Alegro Bus, Haltestellen und Abfahrtzeiten online | www.alegro.pt | @ccalegro

BUCKET LIST

Mister Tapas

Bei Mister Tapas zugeschlagen?
Als kleine Erinnerung zeichne dein Tapas-Menu.

PARTYGUIDE Lissabon

In Lissabon gehen die Einheimischen später zum Feiern als wir es kennen. Wie in anderen südlichen Ländern auch, wird gegen 22 Uhr abends erst einmal gemütlich zu Abend gegessen. Daher ist hier partymäßig vor 1 oder 2 Uhr nachts noch nicht allzu viel los. Aber dann gibt es unzählige Möglichkeiten für unvergessliche Partynächte in Lissabon.

A CAPELA

›› CHILLOUT

Das A Capela ist ein einzigartiger, gemütlicher Mix aus Club und Bar im Viertel Bairro Alto mit cooler Einrichtung und entspannter Musik. Der DJ spielt hauptsächlich Chillout-Musik, die Stimmung ist sehr gelassen und supergut. Ein paar Leute tanzen, ein paar genießen einfach die Musik und ihren Drink. Mir hat diese enstpannte und außergewöhnliche Bar sehr gefallen.

Bairro Alto & Chiado | Rua da Atalaia 45 | U-Bahn: Baixa-Chiado | www.facebook.com/acapelabar | @a_capela_bar

PARK BAR

›› ELEKTRO, CHILLOUT

Diese geniale Bar ist auf dem Dach eines Parkhauses zuhause. Hast du die Treppe oder den etwas engen Aufzug bewältigt, wirst du mit einer fantastischen Aussicht auf die Stadt und einem coolen Ambiente auf der Gartenterrasse belohnt. Wenn du es etwas ruhiger magst, kommst du schon am Nachmittag und machst es dir gemütlich. In dieser Bar kannst du herrlich den Sonnenuntergang genießen, spätestens wenn die DJs auflegen wird's hier aber richtig laut. Auf jeden Fall eine coole Location für eine Partynacht in Lissabon und mein absoluter Lieblingsclub – mit leckeren Cocktails oder einer Kanne hausgemachter Sangria, netten Menschen und guter Musik.

Bairro Alto & Chiado | Calçada do Combro 58 | U-Bahn: Baixa-Chiado | www.facebook.com/parklisboaofficial | @parklisboa

Von Dienstag bis Sonntag

LUXFRÁGIL

›› ELEKTRO

Entspannter Dresscode

Der bekannteste Club in Lissabon, vielleicht auch, weil Schauspieler John Malkovich Mitbesitzer des Tanztempels ist. In der Lounge im 1. Stock sind Gespräche noch möglich, im Untergeschoss allerdings tobt der Beat – hier legen portugiesische und international bekannte DJs auf. Auf der Agenda stehen aber auch Livekonzerte. Am Wochenende bilden sich Mega-Schlangen vor dem Club und die Türsteher sind äußerst wählerisch. Wer es geschafft hat, wird eine gigantische Partynacht erleben.

Eine Auszeit vom Bass bietet die riesige Dachterrasse, von der du über die Altstadt und den Tejo blicken und gemeinsam mit dem verbliebenen Partyvolk den Sonnenaufgang feiern kannst.

Alfama | Av. Infante D. Henrique, Cais da Pedra gegenüber dem Bahnhof Santa Apolónia | U-Bahn: Santa Apolónia | www.luxfragil.com | @luxfragil

KREMLIN

>> TECHNO

EINLASS AB 23.59 UHR

Das Kremlin hat den Ruf, einer der besten Clubs Portugals zu sein. Speziell ist hier, dass du auch in den Räumlichkeiten eines alten Klosters tanzen kannst – das sorgt für eine super Atmosphäre. Die Leute sind so zwischen 20 und 30, und auch in der Schwulenszene steht der Club hoch im Kurs – ein bunter Mix von Nachtschwärmern. Vorwiegend laufen hier Techno und Acid, und der Club ist bei internationalen DJs inzwischen ziemlich angesehen.

Bairro Alto & Chiado | Escadinhas da Praia 5 | Station: Santos | www.facebook.com/kremlin.lisboa | @kremlin.lisboa

MUSICBOX

>> HOUSE, ELECTRO

In diesem Club mit Tunnelambiente treffen sich alle Fans von House, Elektro-Pop und Alternative Sound. Auf der Bühne treten bewährte nationale und internationale Bands auf, doch auch der Nachwuchs bekommt seine Chance. Aber bitte nicht zu früh kommen: Wenn es kein Konzert gibt, geht es hier echt erst um 2 Uhr so richtig los. Die langen Feiernächte der Musicbox können sich definitiv sehen lassen!

TÄGLICH, CLUBBING MEIST AB 0.30 UHR

Bairro Alto @ Chiado | Rua Nova de Carvalho 24 | U-Bahn: Cais do Sodré | www.musicboxlisboa.com | @musicboxlisboa

LOUNGE

>> ELEKTRO, ROCK

Früher trafen sich hier am Flussufer von Cais do Sodré gestandene Seemänner, die ihren Whisky tranken. Heute ist das Viertel ein Partyzentrum mit dem Indie-Club „Lounge". Hier legen erstklassige Gast-DJs vor allem Elektronikmusik auf, zudem gibt's Livesessions von Rockbands – in lauschigem Ambiente mit schwacher Beleuchtung.

Bairro Alto & Chiado | Rua Moeda 1 | U-Bahn: Cais do Sodré | www.loungelisboa.com.pt | @teresinalounge

MINISTERIUM CLUB

>> ELEKTRO, TECHNO

Früher rockte hier das Finanzministerium seine Zahlen, heute trifft sich in diesem angesagten Club am Samstag die Elektro- und Technoszene. Die Bands und DJs, die hier spielen, zählen weltweit zu den Besten. Die Getränke sind in diesem hochklassigen Technoclub deshalb auch etwas teurer. Neben dem Main-Floor gibt es noch

GUIDE ME LISSABON MEINE STADT IN 100 TIPPS

den kleinen Club, wo es vor allem freitags etwas beschaulicher zugehen kann. Falls du eine Pause brauchst, ergatterst du vielleicht einen der gemütlichen Sessel auf der Balustrade.

Baixa |Praça do Comércio 72 | U-Bahn: Terreiro do Paço | @ministeriumclub

RIVE ROUGE

>> DIVERS

Das Rive-Rouge ist so etwas wie der kleine Bruder des Lux und war nach seiner Eröffnung 2016 die Neuentdeckung der Partyszene. Donnerstags bis sonntags steigt hier die Party von 22 bis 4 Uhr, (freitags und samstags bis 6 Uhr), der Dresscode ist Smart Casual. Die Farbgebung der Location im ersten Stock des Time Out Market ist – der Name sagt es – ganz in Rot gehalten, was zwar ein etwas verruchtes Ambiente erzeugt, aber keine Sorge – hier geht es durchaus gesittet zu.

Bairro Alto & Chiado | Time Out Market, Praça Dom Luís I | Metro: Cais do Sodré | www.rive-rouge.com | @riverouge

5A CLUB

>> ELEKTRO, TECHNO, INDIE

Falls du mal wieder ein echtes Workout brauchst, aber nicht ins Fitnessstudio gehen magst, bist du im 5A Club im Viertel Príncipe Real genau richtig. Die sensationelle Elektro-, Techno- und Indie-Musik wird dich auf den Dancefloor ziehen und nicht mehr loslassen, dazu mixt der Barkeeper geniale Drinks.

Bairro Alto & Chiado | Rua do Noronha 5A | Station: Rua da Escola Politécnica | www.facebook.com/5ACLUB.LX | @5aclub

FREITAGS & SAMSTAGS

K URBAN BEACH

>> DIVERS

Musik, Dance, Speisen und gepflegtes Beach-Feeling, das alles bietet dieser moderne Kultclub. Zuerst kannst du deinen Hunger mit Sushi und weiteren asiatischen Gerichten sowie Steak bzw. gegrilltem Fleisch in einem der beiden großartigen Restaurants stillen. Wenn es dann auf Mitternacht zugeht, beginnt die Party: Sie findet auf den Dancefloors der Restaurants statt, wo nationale und internationale DJs auflegen. Das Highlight ist allerdings in schönen Nächten der Outdoor-Lounge-Bereich mit seinen weißen Möbeln und dem glitzernden Pool direkt am Fluss, wo es sich genial bis Sonnenaufgang feiern lässt.

Bairro Alto & Chiado | Cais da Viscondessa | Station: Santos | www.grupo-k.pt | @grupo.k

TRUMPS

>> GAY, POP, HOUSE, TECHNO

Trumps im Viertel Príncipe Real ist ein etablierter Gay-Klassiker, der aber auch offen ist für Heteros. Hier gibt's tolle Drag-Shows und weitere super Events. In Sachen Musik läuft in erster Linie einmal Pop, aber Freitag- und Samstagnacht ist ab ca. 3 Uhr ein zweiter Dancefloor offen, wo House, Techno und Commercial-Remixe gespielt werden.

Bairro Alto & Chiado | Rua da Imprensa Nacional 104b | Station: Rato | www.trumps.pt | @trumpslisboa

DOCKS CLUB

TÄGLICH 23 BIS 6 UHR

>> R&B, HOUSE, POP

Sechs Bars, eine tolle Außenterrasse mit Blick über den Tejo sowie der zentrale Dancefloor bieten den Rahmen für eine ausgelassene Partynacht. Hier läuft ein bunter Musikmix, sodass du bestimmt auf deine Kosten kommst. Am Wochenende veranstalten bekannte DJs die unterschiedlichsten Themenpartys, Schaumpartys und Liveauftritte, die so beliebt sind, dass es hier ziemlich voll wird. Vor Mitternacht sollen die Türsteher beim Einlass übrigens etwas kulanter sein ... Ein Geheimtipp sind die Ladies Nights mit kostenlosem Eintritt für die Damen. Oben gibt es verschiedene Sofas, wo du nach der Dance-Session entspannen kannst.

Bairro Alto & Chiado | R. da Cintura do Porto de Lisboa 226 | Station: Cais do Sodré | www.facebook.com/thedocksclub | @thedocksclub

SILK CLUB

>> MIXED MUSIC

Wenn du diesen exklusiven Club besuchen möchtest, benötigst du einen Eintrag auf der Gästeliste. Das funktioniert ganz gut, wenn das Hotelpersonal die Reservierung vornimmt. Die Räumlichkeiten mit wunderbarer Dachterrasse und einem japanischen Restaurant mit Sushi Bar sind äußerst elegant. Den Zugang zum Club erreichst du mit einem der beiden modernen Panorama-Aufzüge, dann steigt die Spannung: Wird der Portier dir Einlass gewähren und den Weg zum clubeigenen Aufzug freimachen? Nach all diesen Hürden ist der Abend im Club dann aber sehr angenehm mit guter Musik und perfekten Speisen und Getränken – allerdings hat die Exklusivität auch ihren Preis.

Chiado | Rua da Misericórdia 14 | Station: Baixa-Chiado | www.silk-club-com | @silkclublisbon

OP ART

>> MIXED MUSIC

Die Location ist ein modern designter Glaswürfel, der fast unter der Brücke des 25. April liegt. Tagsüber ist hier ein angenehmes Café mit Restaurant untergebracht, ab Mitternacht allerdings versammelt sich das Partyvolk. Dann legen gute DJs aktuelle Musik auf und die Danceparty geht bis zum Morgen.

Bairro Alto & Chiado | Doca de Santo Amaro | U-Bahn: Alcantara-Mar | www.facebook.com/Opartofficialfanpage

CASA INDEPENDENTE

>> ELEKTRO, ALTERNATIV

Hier kommt ein bisschen Berlin-Feeling auf: In einem ganz normalen Wohnhaus liegt, verteilt über mehrere Etagen, dieses alternative Café-Bar-Kultur-Konzert-Zentrum. Du kannst im Wohnzimmer zur DJ-Musik tanzen oder du suchst dir einen anderen Dancefloor im nächsten Stock. Auch die Bars sind über das Haus verstreut, sodass der erste Besuch in der Casa wie eine Schatzsuche ist. Die erste Aufgabe besteht darin, den diskreten Eingang zu finden. Nach den Dance-Sessions kannst du auf der Innenterrasse zwischen vielen Pflanzen entspannen.

Alfama | Largo do Intendente Pina Manique 45 | U-Bahn: Intendente | www.casaindependente.com | @casaindependente

DI, MI, DO 17-24 UHR, FR, SA 17-2 UHR

24-HOUR FOOD

PADARIAS / PASTELARIAS

Um die Partynacht perfekt zu machen, suchst du auf dem Heimweg noch eine der zahlreichen Padarias (Bäckereien) oder Pastelarias (Konditoreien) auf. Hier gibt's schon in den frühen Morgenstunden ein kleines Frühstück für Nachtschwärmer.

Events

WANN? WIE? WO? ALLES, WAS MAN KENNEN MUSS.

Du möchtest in Lissabon so richtig am Leben der Einheimischen teilnehmen? www.visitlisboa.com hat Infos zu allen wichtigen Events in der Stadt, auch zum Karneval, zu lokalen Festen und zum Halbmarathon in der Stadt. Über die bedeutendsten regelmäßig veranstalteten Events findest du auf den folgenden Seiten die wichtigsten Informationen.

MÄRZ

CARNAVAL EM LISBOA
Mal im März, mal im Februar – wie in Deutschland wird Karneval auch in Portugal acht Wochen vor Ostern gefeiert. Lissabon zählt zwar nicht zu den ganz großen Karnevalshochburgen des Landes, aber auch in Portugals Hauptstadt übernehmen die Narren für einige Tage das Kommando. Karneval-Freaks sollten sich also vorab erkundigen, wo es sich bei coolen Samba-Rhythmen am besten in der Stadt feiern lässt. Eines der größten Karneval-Events des Landes findet in Torres Vedras statt, etwa 40 Autominuten von Lissabon entfernt. Wer hin will, sollte vorab das Jahresmotto recherchieren – im Juni wird es bekannt gegeben.

www.carnavaldetorres.com

APRIL

PEIXE EM LISBOA
Das Fischfestival im Parque Eduardo VII ist ein kulinarisches Paradies für alle Liebhaber:innen exzellenter Fisch- und Meeresfrüchtegerichte. Rund zwei Wochen kann man sich hier durch Schlemmereien der Spitzenklasse durchprobieren, in Showküchen inspirieren lassen und so manche neue Kreation entdecken.

www.peixemlisboa.com

CAMPO PEQUENO
Spannend geht's von April bis September in der überdachten Arena zu, wenn Mann gegen Stier antritt und die Kräfte gemessen werden. Doch wie der Kampf auch ausgeht, der Stier wird in der Arena nicht getötet. In den übrigen Monaten ist die große Mehrzweckhalle Veranstaltungsort für Konzerte und andere Events. Wer mag, kann sich vor oder nach einer Veranstaltung noch im Shoppingcenter unter dem Campo Pequeno die Zeit vertreiben.

www.campopequeno.com

DIA DA LIBERDADE
Am 25. April ruht das Geschäftsleben. Der „Tag der Freiheit" erinnert an die Nelkenrevolution 1974, die nahezu unblutig die Diktatur des 1933 gegründeten Estado Novo (neuen Staats) beendete. Der Name erinnert an die Nelken, die die Bevölkerung den Revolutionären als Zeichen der Freude in die Gewehrläufe steckte.

CAPARICA PRIMAVERA SURF-FEST
Hier geht die Post ab, wenn sich die besten Surfer ihrer Klasse an den Stränden von Costa da Caparica treffen und mit spritzigen Acts ihr Können unter Beweis stellen. Zehn Tage lang verwandeln sich Strand und Meer in eine einzigartige Showbühne für verschiedenste Wettkämpfe und Konzerte.

www.caparica-primaverasurffest.pt

MAI

FESTIVAL DA MÁSCARA IBÉRICA
Bunt und farbenfroh geht's zu auf dem großen Festival an der Praça do Império in Bélem, bei dem sich alles um traditionelle Masken und Kostüme der Iberischen Halbinsel dreht. Kunsthandwerk, Tanz,

Musik, Fotoausstellungen, Gastronomie und jede Menge gute Laune verbinden Moderne und Brauchtum. Der Höhepunkt ist die Parade, bei der kostümierte Gruppen durch die Straßen ziehen.

www.fimi.pt

QUEIMA DAS FITAS

Es ist wie ein riesiger Befreiungsschlag, der alle erfasst, wenn die Student:innen den Abschluss der Universität nicht nur mit Partys und Veranstaltungen, sondern auch rituell feiern. Ausgelassen ziehen sie durch die Straßen und zelebrieren symbolisch das Ende der Studienzeit, indem sie ihre farbigen Schärpen verbrennen, an denen man die jeweilige Fakultät erkennt. Seinen Ursprung hat das Fest an der Universität Coimbra, der ältesten des Landes.

SOMERSBY OUT JAZZ

Ein sommerlicher Dauerbrenner: Von Mai bis September sorgen jeden Sonntag ab 17 Uhr kostenfreie Konzerte in verschiedenen Parks der Stadt mit Jazz, Soul, Funk und Hip-Hop für das richtige Summer-Feeling.

www.ncs.pt/outjazz

JUNI

FESTAS DOS SANTOS POPULARES

Wer im Juni nach Lissabon kommt, erlebt die Stadt im Ausnahmezustand. Im Monat der Stadtheiligenfeste feiern die Leute abends beim Arraial, dem Stadtviertelfest. Es gibt gegrillte Sardinen und Bier, Musik und jede Menge Stimmung.
Es wird kräftig gefeiert, beispielsweise an den Festtagen zu Ehren der Heiligen Peter, Johannes, vor allem aber am 12. Juni, am Vorabend des Festes zu Ehren des Schutzpatrons der Stadt, des Heiligen Antonius. Die ganze Stadt scheint auf den Beinen zu sein, wenn farbenprächtig kostümierte Tanzgruppen über die Avenida da Liberdade ziehen und mit heißen Rhythmen dem Publikum ordentlich einheizen. Viele Lissabonner:innen ziehen es aber vor, in ihren Vierteln des Heiligen Antonius zu gedenken – fröhlich, mit viel Musik und dem einen oder anderen passenden Getränk. Manch einer feiert in den 13. Juni hinein, an dem der Heilige Antonius dann etwas besinnlicher geehrt wird.

www.culturanarua.pt

LISBON LOVES FADO

Bei den vielen Straßenfesten, Festivals und Events, die im Juni veranstaltet werden, darf der Fado nicht fehlen – nun schlägt die große Stunde der Sängerinnen und Sänger, die im Fado Museum, aber auch in diversen Lokalen auftreten und mit ihrem melancholischen Gesang die Zuschauer:innen in ihren Bann ziehen.

www.culturanarua.pt

ARRAIAL LISBOA PRIDE

Partystimmung pur herrscht beim Fest für Schwule, Lesben, Bisexuelle und Transgender, das in der Regel am letzten Samstag im Monat an der Praça do Comércio (Terreiro do Paço) gefeiert wird. Auf dem Programm stehen verschiedene Events, bevor sich am späten Nachmittag eine großartige Parade in Gang setzt, die im Jardim do Principe do Real startet und am Tejo entlang bis zur Praça do Comércio zieht. Danach wird in Szene-Bars weitergefeiert, bis der Morgen anbricht.

www.ilga-portugal.pt/lisboapride

JULI

FESTIVAL DO DELTA TEJO

Das dreitägige Musikfestival im Stadtviertel Alto da Ajuda steht ganz im Zeichen typischer Folkoremusik aus Portugal und den ehemaligen Kolonien Brasilien und Cabo Verde. Afrikanische Klänge, südamerikanische Rhythmen und der sehnsuchtsvoll-melancholische Fado sind Ausdruck eines Lebensgefühls, das die Interpreten meisterhaft zum Ausdruck bringen.

Wann? Wie? Wo? Alles, was man kennen muss.

CINECONCHAS

Ein Muss für alle Kinofans – auf dem Programm stehen großartige Filmstreifen, die unter freiem Himmel im Park Quinta das Conchas und vielen weiteren Locations in der ganzen Stadt gezeigt werden. Dabei haben die meisten Filme einen Lissabon-Bezug wie z.B. „James Bond - Im Geheimdienst Ihrer Majestät", der teilweise im Luxushotel Palácio Estoril gedreht wurde; viele werden im Originalton gezeigt. Das tolle Open-Air-Kino-Erlebnis findet an vielen Wochenenden im Sommer statt und ist an manchen Orten sogar gratis. Etwas außerhalb von Lissabon gelegen, bietet auch Cascais schicke Locations mit interessanten Filmangeboten unter freiem Himmel.

www.cineconchas.pt | www.cinesociety.pt

AUGUST

FESTIVAL DOS OCEANOS

Hier spürt man, dass sich Lissabon mit dem Meer verbunden fühlt. Rund zwei Wochen lang wird der maritime Lebensraum mit einem bunten Programm aus Live-Musik, Paraden und vielem mehr gefeiert.

www.lisbon-tourism.com

SEPTEMBER

MOTELX

Das mehrtägige Horrorfilm-Festival ist nichts für schwache Nerven und genau das Richtige für alle, die den ultimativen Adrenalinkick suchen. Mit seinem vielfältigen Programm bietet es nicht nur Produzenten die Möglichkeit, ihre neuesten Filme zu präsentieren, sondern ist auch das perfekte Event, um qualitativ hochwertige Horrofilme zu sehen. Wobei Streifen von professionellen Filmproduzenten und jungen Nachwuchstalenten gleichermaßen vertreten sind.

www.motelx.org

OKTOBER

MEO RIP CURL PRO PORTUGAL

Im Oktober geht's an den Stränden von Peniche und Cascais noch mal richtig heiß her, wenn die weltbesten Profi-Surfer antreten, um sich für die World Surf League (WSL) Men's Championship Tour zu qualifizieren.

www.worldsurfleague.com

DEZEMBER

WONDERLAND LISBOA

Der große Weihnachtsmarkt am Parque Eduardo VII lässt nicht nur kleine Herzen höherschlagen. Hier kann man Schlittschuhlaufen, vom Riesenrad das weihnachtliche Treiben beobachten und vorbei an Buden und Ständen schlendern. Stimmungsvoll präsentiert sich auch die Praça da Comércio mit einem prächtigen Weihnachtsbaum. Etwas beschaulicher und regionaler geht's auf den kleinen, oft nur an wenigen Tagen geöffneten Weihnachtsmärkten in einzelnen Vierteln der Stadt zu.

SILVESTER

Wer's richtig krachen lassen und ein tolles Feuerwerk erleben möchte, sollte sich in der Silvesternacht einen markanten Ort wie die Praça do Comércio oder den Parque das Nações aussuchen.

FESTIVALS

Die Frage ist nicht ob, sondern zu welchem Festival du gehst. Lissabon hat auch in dieser Beziehung für jeden etwas zu bieten. Lass dich mitreissen von den coolen Vibes der Stadt!

OUT.FEST

Das OUT.FEST-Musikfestival steht ganz im Zeichen der experimentellen Musik. Auch wenn die Bands und Solokünstler:innen, die hier auftreten, aus den unterschiedlichsten Bereichen wie Jazz, Rap, Rock, Elektro usw. kommen, so teilen sie doch alle die Leidenschaft, mit ihrer Musik neue Wege zu beschreiten und mit alten Mustern zu brechen. Lasst euch überraschen!
www.out-fest.pt

ROCK IN RIO LISBOA

Alle zwei Jahre im Juni – im Wechsel mit Südamerika – steigt im sonst eher beschaulichen Bela Vista Park in Lissabon das größte Open-Air-Musikfestival Portugals. Schon echte Legenden wie die Rolling Stones, Bruce Springsteen und Robbie Williams standen hier auf der Bühne, daneben gibt's aber auch immer wieder interessante Newcomer aus ganz unterschiedlichen Musikrichtungen zu entdecken. Wer kein Gedränge mag, kann entspannt bleiben, denn das Parkgelände ist so weitläufig, dass man sich bequem irgendwo auf den Rasen setzen kann. Außer Musik werden hier auch coole sportliche Acts angeboten sowie schönes Kunsthandwerk und leckeres Essen.
www.rockinriolisboa.sapo.pt

SUPER BOCK SUPER ROCK

Ein echter Star am portugiesischen Festival-Himmel ist das Super Bock Super Rock, das seit über 25 Jahren im Juli gefeiert wird und immer ein hochkarätiges Programm garantiert. Neben internationalen Superstars kommen hier auch aufstrebende Newcomer aus der abwechslungsreichen portugiesischen Musikszene auf die Bühne.
www.superbocksuperrock.pt

SUMOL SUMMER FEST

Sommer, Sonne, Strand und Party – so lässt sich das noch recht junge Sumol Summer Fest beschreiben, das seit 2017 immer im Juli in dem hübschen Küstenort Ericeira, einem beliebten Surfer-Treff ca. 35 km nordwestlich von Lissabon, stattfindet. Der „Coolness-Faktor" dieses Festivals ist hoch, denn neben den perfekten Beach-Vibes aus Dancehall, Reggae, House und Pop gibt es

Surf- und Skateboard-Challenges und vieles mehr zu sehen.
www.sumolsummerfest.com

NOS ALIVE FESTIVAL

Summer-Feeling pur verspricht das dreitägige NOS ALIVE Festival Anfang Juli, ein kunterbuntes Musikspektakel, bei dem weltberühmte nationale und internationale Bands, Solokünstler:innen und DJs bis in die frühen Morgenstunden für ausgelassene Partystimmung sorgen. Das abwechslungsreiche Programm aus Elektro, Funk, Indie, Rock, Pop u. v. m. hat für jeden Musikgeschmack etwas zu bieten.
www.nosalive.com

MEO SUDOESTE

Für fünf Tage Anfang August verwandelt sich das kleine Fischerdorf Zambujeira do Mar zum größten Sommerparty-Hotspot des Landes. Gespielt wird vor allem elektronische Tanzmusik, aber auch HipHop, Pop und Reggae. Die coole Lage des Geländes in Küstennähe bietet außerdem die Gelegenheit, zwischendurch mal ein bisschen am Strand zu chillen oder ein erfrischendes Bad im Meer zu nehmen.
www.sudoeste.meo.pt

NOVA BATIDA FESTIVAL

Dieses Festival, das im September über drei Tage in den Kreativ-Hochburgen LX Factory und Village Underground stattfindet, ist ein echtes Highlight für Musik-, Kunst- und Kulturliebhaber:innen. DJs und Musiker:innen verschiedener Genres sorgen für die perfekten Beats, Street Artists performen live … Außergewöhnliche Partys und ein tolles kulinarisches Angebot runden das kunterbunte Festival-Programm ab.
www.novabatida.com

LISB-ON

Eingebettet in die malerische Kulisse des Parque Eduardo VII im Herzen Lissabons zieht dieses beschauliche Festival im September ein bunt gemischtes Publikum an. Drei Tage lang können Jung und Alt ausgelassen feiern und sich in super entspannter Atmosphäre den Klängen der elektronischen Tanzmusik hingeben.
www.lisb-on.pt

BRUNCH ELECTRONIK LISBOA

Von Juli bis September steigt im Lissabonner Tapada da Ajuda an acht Sonntagen hintereinander ein großes Open-Air-Event, das die angesagtesten Elektro-Vibes auf die Bühne bringt. Die Partys starten immer am frühen Nachmittag und bieten bis 22 Uhr ein tolles Summer-Feeling!
www.lisboa.brunchelectronik.co

GUIDE ME LISSABON MEINE STADT IN 100 TIPPS

LISSABON
Metro–Plan

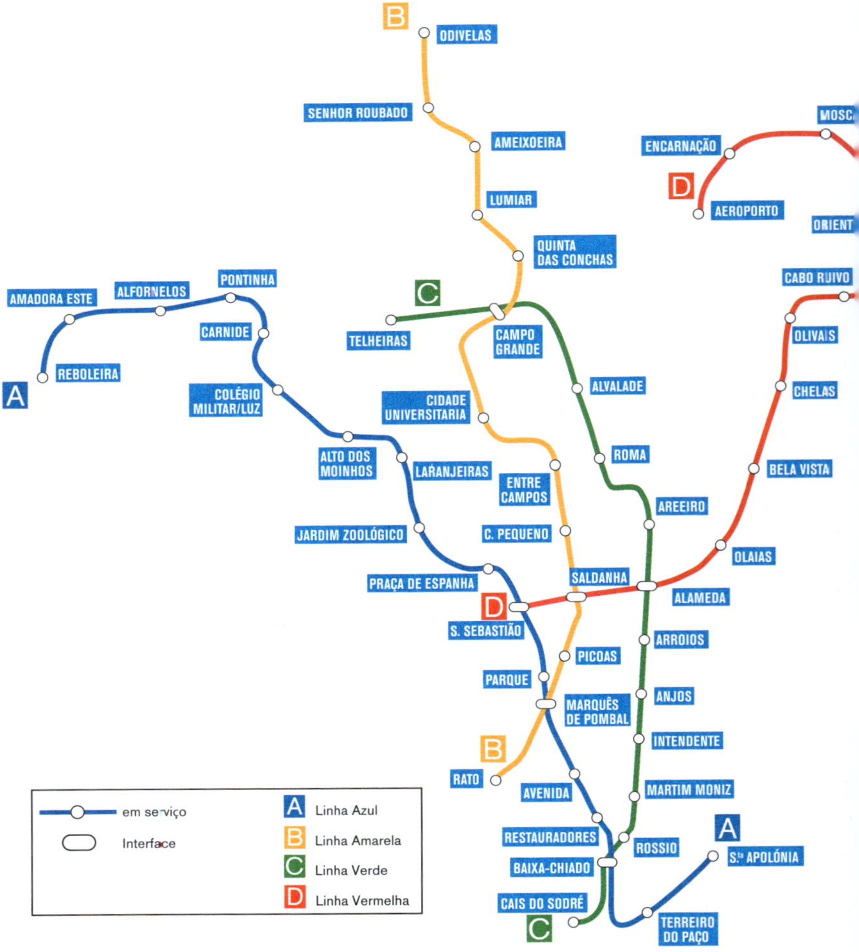

Mit der Metro oder der Tram kommst du in Lissabon super entspannt von A nach B!

MAKE IT YOURS!

LEAVE ONLY *Footsteps* TAKE ONLY *Memories.*

HALT SIE FEST! DEINE GANZ PERSÖNLICHEN HOTSPOTS, GEHEIMTIPPS & ERINNERUNGEN.

MY NOTES

Vor der Reise

NICHT VERGESSEN!

GUIDE ME LISSABON MEINE STADT IN 100 TIPPS

MY NOTES

GUIDE ME LISSABON MEINE STADT IN 100 TIPPS

MY NOTES

GUIDE ME LISSABON MEINE STADT IN 100 TIPPS

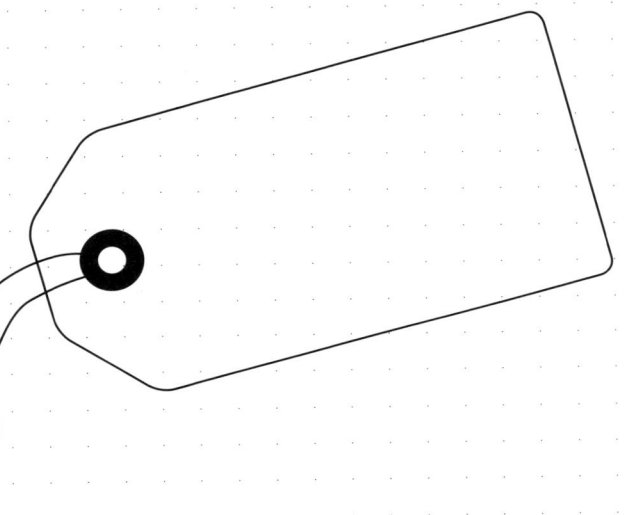

MY NOTES

MY NOTES

GUIDE ME LISSABON MEINE STADT IN 100 TIPPS

MY NOTES

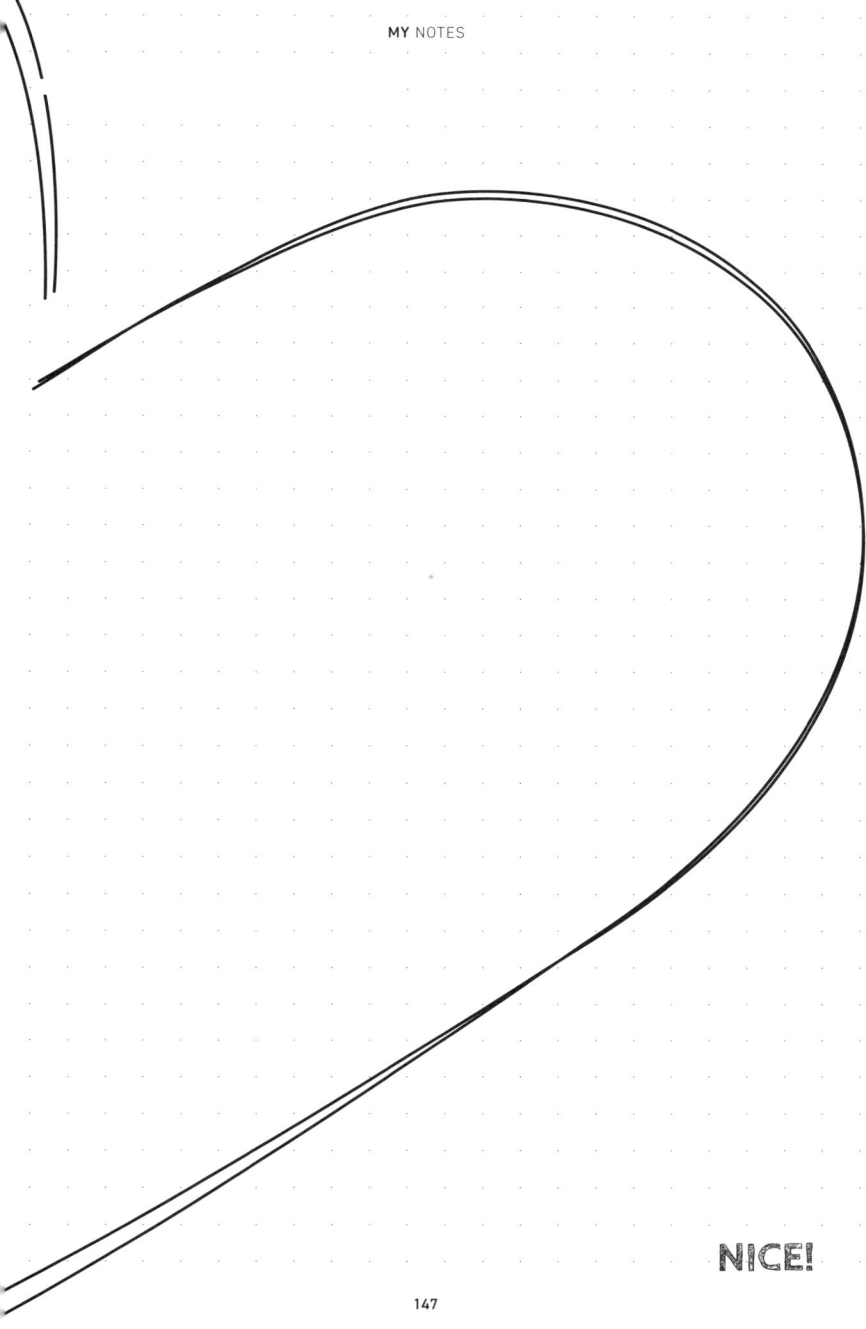

NICE!

GUIDE ME LISSABON MEINE STADT IN 100 TIPPS

MY NOTES

FÜRS NÄCHSTE MAL MERKEN

Do

MY NOTES

Werde zum/zur
RESTAURANTKRITIKER:IN
Lissabon

Restaurant / Café _____

Ort / Datum _____

Gericht _____

Kommentar _____

☆ ☆ ☆ ☆ ☆   Empfehlenswert   YES ☐   NO ☐

Restaurant / Café _____

Ort / Datum _____

Gericht _____

Kommentar _____

☆ ☆ ☆ ☆ ☆   Empfehlenswert   YES ☐   NO ☐

RESTAURANT- UND CAFÉKRITIKER:IN LISSABON

Restaurant/Café
Ort/Datum
Gericht
Kommentar

☆ ☆ ☆ ☆ ☆   EMPFEHLENSWERT YES ☐ NO ☐

Restaurant/Café
Ort/Datum
Gericht
Kommentar

☆ ☆ ☆ ☆ ☆   EMPFEHLENSWERT YES ☐ NO ☐

Yummy, Yummy!

Restaurant/Café
Ort/Datum
Gericht
Kommentar

☆ ☆ ☆ ☆ ☆   EMPFEHLENSWERT YES ☐ NO ☐

RESTAURANT/CAFÉ

ORT/DATUM

GERICHT

KOMMENTAR

☆ ☆ ☆ ☆ ☆   EMPFEHLENSWERT YES ☐ NO ☐

RESTAURANT/CAFÉ

ORT/DATUM

GERICHT

KOMMENTAR

☆ ☆ ☆ ☆ ☆   EMPFEHLENSWERT YES ☐ NO ☐

RESTAURANT/CAFÉ

ORT/DATUM

GERICHT

KOMMENTAR

☆ ☆ ☆ ☆ ☆   EMPFEHLENSWERT YES ☐ NO ☐

RESTAURANT- UND CAFÉKRITIKER:IN LISSABON

Restaurant/Café
Ort/Datum
Gericht
Kommentar

☆ ☆ ☆ ☆ ☆   Empfehlenswert yes ☐ no ☐

Restaurant/Café
Ort/Datum
Gericht
Kommentar

☆ ☆ ☆ ☆ ☆   Empfehlenswert yes ☐ no ☐

Restaurant/Café
Ort/Datum
Gericht
Kommentar

☆ ☆ ☆ ☆ ☆   Empfehlenswert yes ☐ no ☐

GUIDE ME LISSABON MEINE STADT IN 100 TIPPS

MY NOTES

BILDNACHWEIS

Fotos: Adobe Stock – stock.adobe.com: eskystudio (79), Igor Tichonow (Cover r.), Olena Zn (Cover l.); Selina Baaß (Cover M., Rückcover, 3, 4, 11, 12, 16, 20, 21, 22, 27, 28, 30, 31, 33, 36, 37, 38, 39, 40, 48, 50, 51, 54, 55, 56, 61, 64, 69, 72, 76, 78, 80, 81, 83, 85, 108, 110, 112, 113 l., 119, 120/121, 121, 131, 135, 158); Dear Breakfast (62); DuMont Bildarchiv: Monica Gumm (25 o.); laif: Monica Gumm (68, 70), Gunnar Knechtel (66), Dagmar Schwelle (34, 84), Frank Siemers (100), Jan Windszus (52 o.); laif/hemis.fr: Bertrand Rieger (116 u.); laif/robertharding: G&M Therin-Weise (99); mauritius images: Egon Bömsch (103), Dietmar Najak (118), John Warburton-Lee (60); mauritius images/age fotostock (97); mauritius images/Alamy: economic images (122/123), Luis Elvas (94), Jooli Photo (32), David Ribeiro (115), Antony Souter (96/97), travelpix (71); mauritius images/Alamy/Sagaphoto.com: Stephane Gautier (82); mauritius images/Alamy/Stockimo: lozh (44); mauritius images/Cultura: Henglein and Steets (26); mauritius images/imagebroker: Fabian von Poser (114); Shutterstock: Radu Bercan (24, 111), bondvit (117), Box Lab (65), Christophe Cappelli (18/19), dasytnik (58), Rizar el pixel (25 u.), Travel Faery (116 o.), GLF Media (52 u.), Helissa Grundemann (88), Kartinkin77 (98), Jean Luclchard (86/87), Andres Garcia Martin (104), Benny Marty (113 r.), msnobody (90), Luis Overlander (46 u.), Matyas Rehak (49), Mauro Rodrigues (59), Adam Szuly (46 o.); The Fifties (102)

IMPRESSUM

2. Auflage, April 2024
ISBN | 978-3-8283-1073-5

Konzeption | Selina Louise Missel
Chefredaktion | Tamara Strauß & Johanna Jiranek
Co-Autorin | Selina Baaß
Produktion | red.sign GbR, Stuttgart
Design & Illustration | Ina-Marie Inderka
Kartografie | Hallwag Kümmerly+Frey AG

Printed in Italy

MIX
Paper | Supporting responsible forestry
FSC® C015829

Sag uns deine Meinung!

Egal ob du uns von deinem schönsten Urlaubsmoment, dem besten Foodspot oder der coolsten Foto-Location erzählen willst, schreib uns unbedingt! Natürlich freuen wir uns auch über Lob und Kritik zu unseren TravelBooks.

hello@guideme.ch

Hinweis

Dieser Reiseführer wurde natürlich mit allergrößter Sorgfalt und viel Herzblut für dich erstellt und recherchiert, allerdings können dem größten Streber Fehler unterlaufen und manche Adressen und Gegebenheiten ändern sich schneller, als man denkt. Deshalb müssen wir aus rechtlichen Gründen betonen, dass inhaltliche und sachliche Fehler leider nicht ausgeschlossen werden können. Alle Angaben sind ohne Gewähr des Autors oder des Verlages und somit besteht keine Haftung. Sollten dir allerdings Fehler auffallen, freuen wir uns über eine Nachricht von dir an hello@guideme.ch.

Dieses Werk ist urheberrechtlich geschützt. Alle Rechte vorbehalten. Vollständiger oder auszugsweiser Nachdruck nur mit schriftlicher Bewilligung des Herausgebers. Die Übertragung der Daten in elektronische Systeme ist ebenso unzulässig und strafbar.

guideme_travel | www.guideme.ch

© Hallwag Kümmerly+Frey AG, Grubenstrasse 109, CH 3322-Schönbühl-Bern

Genug von Lissabon?

DANN REISE MIT UNS DOCH MAL NACH …

Deine Lieblingsstadt fehlt? Dann schreib uns unter hello@guideme.ch

DIE IDEALEN BEGLEITER FÜR DEINE NÄCHSTE REISE: UNSERE TRAVELDIARIES UND TRAVELMEMORIES